《史记》选本丛书　　主编　丁德科　凌朝栋

史记七篇读法

（汉）司马迁　著
（清）王又朴　编选
凌朝栋　整理

商务印书馆
创于1897 The Commercial Press

2015年·北京

图书在版编目(CIP)数据

史记七篇读法/(汉)司马迁著；(清)王又朴编选；
凌朝栋整理.—北京：商务印书馆，2015.重印
(《史记》选本丛书)
ISBN 978－7－100－10038－0

Ⅰ.①史… Ⅱ.①司… ②王… ③凌… Ⅲ.①中国历史－古代史－纪传体②《史记》－研究 Ⅳ.①K204.2

中国版本图书馆CIP数据核字(2013)第132624号

史记七篇读法

(汉)司马迁 著
(清)王又朴 编选
凌朝栋 整理

商 务 印 书 馆 出 版
(北京王府井大街36号 邮政编码 100710)
商 务 印 书 馆 发 行
三河市尚艺印装有限公司印刷
ISBN 978－7－100－10038－0

2013年7月第1版 开本 640×960 1/16
2015年2月北京第2次印刷 印张 10 1/4

定价：30.00元

中央财政支持地方高校建设资金项目
陕西省重点扶持学科渭南师范学院中国古代文学学科建设项目
陕西省哲学社会科学研究基地——秦东历史文化研究中心项目

《史记》选本丛书

“《史记》选本丛书”序言

张岂之

西汉史学家、文学家、思想家司马迁（前145或前135—前87？）所撰纪传体作品《史记》被誉为“史家之绝唱，无韵之离骚”，揭示了《史记》的历史学和文学价值，实际上，《史记》也具有重要的思想文化价值。多元性是《史记》这部经典文献的根本属性，这促使人们可以从多个角度对《史记》及《史记》学史展开广泛而深入的研究。

中国史记研究会和陕西省司马迁研究会等研究团体及学人对《史记》进行了多方面的研究，成果丰硕；《史记》及其传播影响，也引起海外学者的重视，产生了一系列的作品。这些都是中华文明传承和弘扬中可喜可贺的现象。

在历史上，《史记》产生后，历朝历代对《史记》多有注疏、索隐、编选的工作，这些工作进一步增进了《史记》作为文化典籍的影响力。特别是《史记》选文，虽然大多从文学作品角度着手，但因为选本背后隐藏着一定的历史、文学、审美及思想文化观念，某种意义上选本不仅具有文学审美的功能，也具有思想文化的功能，更可以作为把握选文者思想观念的史料之一。《史记》及《史记》选本在历史编纂学、散文史以及思想文化史上都占有重要的地位。

司马迁故里云集着一批从事《史记》及《史记》学研究的学者和研究团队。渭南师范学院《史记》研究团队就承担着国家社科基金研究项目，成员多年来一直从事《史记》选本的调研与整理工作，并在此基础上尝试探讨《史记》一百三十篇中被广泛认可的文学精华、编选原则与学术价值。

近年来，《史记》选本有的已被整理，如南宋吕祖谦撰《史记详节》（完颜绍元整理，上海古籍出版社2007年版）、清人姚苧田编选《史记菁华录》（王兴康整理，上海古籍出版社2007年版），但还有相当一部分没有被整理，也不方便读者检索阅览。

渭南师范学院《史记》研究者们尝试编选“《史记》选本丛书”，用以弥补这个不足，努力为《史记》研究做些扎实细致的基础工作。他们近多年兢兢业业，四处奔波，搜集和校点整理《史记》选本文献，为推动《史记》研究的深化和细化作出了贡献。

这套“《史记》选本丛书”主要包括：明代凌稚隆《史记纂》（马雅琴教授整理）、茅坤《史记抄》（王晓红副教授整理），清代王又朴《史记七篇读法》（凌朝栋教授整理）、汤谐《史记半解》（韦爱萍整理）、储欣《史记选》（凌朝栋教授整理），民国时期王有宗《分段详注评点史记菁华录》（高军强讲师与凌朝栋教授整理）、中华书局1933年版《史记精华》（王麦巧副教授整理）、周宇澄《广注史记精华》（梁建邦教授、张晶讲师整理）。

凌稚隆《史记纂》，编刻于明万历年间。全书分为二十四卷，从《史记》中选文一百零二篇，附《报任少卿书》一篇。此书最大的特色是：采用节选加评点的形式，掇取《史记》精华；所选篇章节奏鲜明，条理清晰，内容集中，首尾照应，与天头批注、正文批点的形式相辅相成；编选者学习、研究《史记》，知人论世，折射出不凡的见解；全书兼容并包，博览众采，资料丰富。整理底本为凌稚隆《史记纂》二十四卷，明万历己卯本。

茅坤《史记抄》共九十二卷，明万历三年自刻。编选者从《史记》中选文九十八篇进行评点。此书最大的特点是：每篇作品皆施圈点和批评；用心独到，评论扼要，且多发明。编选者的评论，代表了明代学者评价《史记》的总倾向，诸如赞赏、推崇《史记》文章的审美价值，高度评价《史记》写人的艺术价值，肯定《史记》以风神取胜的艺术风格等。整理底本为茅坤《史记抄》九十一卷，明万历乙亥本，参校北图《史记抄》九十一卷、首一卷，《四库存目丛书》影印明万历三年自刻本。

王又朴《史记七篇读法》共二卷，从《史记》中选录《项羽本纪》、《外戚世家》、《萧相国世家》、《曹相国世家》、《淮阴侯列传》、《李將军列传》、《魏其武安候列传》等七篇。此书最大的特色在于：编选者既有对阅读方法的提示，又有对所选篇目艺术风格的鉴赏；提出了"一气读"、"分段细读"的阅读技巧；深入分析了司马迁写人的高超技艺及所蕴含的深刻用意。整理底本为王又朴选评《史记读法》（又名《史记七篇读法》）诗礼堂藏版，1754年刊本，清华大学图书馆藏书。

汤谐《史记半解》，对《史记》中的六十八篇文章进行了注解。编选者深谙太史公用意，主要从叙事、人物形象刻画、细节、段落、语言等方面探讨《史记》文法笔力，为后人做了很好的导读；评析言论精辟老到，妙趣横生，引人深思，注重文脉，语言简洁明了，充满诗情画意，给读者留下深刻的印象。整理底本为汤谐《史记半解》（不分卷），清康熙慎余堂1713年刻本。

储欣《史记选》，从《史记》中选录作品五十五篇。此选本最大的特色是：所选篇目以记载秦以后历史人物为主；重视选取《史记》中的书表；编选者对于精彩部分用不同的符号加以圈点，并有大量的精彩评点。用语长短不一，恰到好处，或指出词句作用，或评点章法布局，或揭示史公深意，或探讨前后关联等；所选篇章末多有评语，盛赞史公文章精彩处，与文中评语形成照应。整理底本为储欣《史记选》六卷，乾隆癸巳（1773年）同文堂梓行刻本，每页十行，每行十五字，有原版书。

王有宗《分段详注评点史记菁华录》，完成于1924年。此版本优胜之处在于：大部分选文前均加“解题”部分，有助于读者对正文的理解；对所选篇章进行分段，便于读者较清楚地了解选文的层次；通过注释，疏通了文字注音、词义等障碍，以方便阅读。整理底本为王有宗《分段详注评点史记菁华录》六册，浙江达文印书馆1924版，有原书。

《史记精华》是中华书局1914年辑校的《史记》选本。全书共选录《史记》九十九篇。这些篇目的取舍原则为历史性、思想性、文学性。此书收录了多家评点，侧重对人物、历史事件、文章艺术手法、思想倾向等进行详尽的评论和说明；对同一人物、历史事件的点评，则以文采、语言、思想为主要内容，尽可能为读者提供精华性的评语。中华书局《史记精华》，1914年第一版，本次整理依据1937年版，西北大学图书馆藏书影印版，参校1933年版。

周宇澄《广注史记精华》，是民国时期出版的《史记》读本中重要的一部。全书共选录《史记》本纪、表、世家、列传中三十二篇文章，分为三十四个题目。此选本最大的特点是：选取《史记》中文学色彩浓烈、偏重于人物、事件和描写精彩的篇章；对所选文章进行“划分段落，将难字注以音义，其有典故疑义者，一律注释，使读者一目了然”；注释详尽，有很强的可读性；编选者根据自己的理解进行了明晰的段落划分和断句，体现了编选者对《史记》的理解和思想观点。整理底本选用周宇澄《广注史记精华》，世界书局1943年版。

这些选本，均是影响较大、流传较广的《史记》选本，内容丰富，各具特色，具有较高的学术研究和参考价值。

在整理过程中，整理者尽可能搜集多种版本，认真选择工作底本，并主要参考中华书局1982年版点校本《史记》进行整理，包括段落划分与标点，文字出入较大者则予以注释。忠实原作、方便当代读者阅读是整理者坚持的主要原则，比如改竖排版为横排版，繁体字为简化字，便考虑到读者的阅读习惯与需要。选本评点中的总评、评注、行批、夹批等，则尽量标注在原作相应的位置，以尽可能反映底本的原貌。底本中明显的错字，则采用加“按”的形式标明。难能可贵的是，整理者在点校整理的同时，还对《史记》选本所折射的思想文化精神进行了研读，并在简介中作了扼要论述。

当然，古籍的点校整理是一项科学严谨、费时费力的工作，而且往往难以避免讹误乖错，在这方面，欢迎读者朋友在阅读中对该丛书的版本甄别以及具体点校整理工作，提出积极的合理化建议，以不断推陈出新，力臻完善。

该研究团队原本设想还要进一步选编和整理日本、韩国、美国等学者的《史记》选本，我们愿意乐观其成。希望“《史记》选本丛书”的编校整理工作为进一步系统研究司马迁的思想学术、《史记》及《史记》学作出积极贡献，为推介和弘扬中华优秀传统文化增砖添瓦。

是为序。

2013年3月于

西北大学中国思想文化研究所

前 言

《史记》不仅是史学经典，而且是文学名著，为汉史学家司马迁（约公元前145年—约前86年）编撰第一部纪传体史书，记载了上自上古传说中的黄帝时代，下至汉武帝三千多年的历史。因此，《史记》中国文学史上有重要地位，被鲁迅誉为“史家之绝唱，无韵之《离骚》”。然而由于《史记》篇幅巨大，故事丰富，全书一百三十篇，五十多万字，对一般读者而言，通读全篇确实不易。根据《后汉书·窦融传》记载，汉光武帝就有推荐《史记》篇目让人阅读的做法。唐宋以后便有多种依据不同的选录标准编选的《史记》选本的出现，清人王又朴的《史记七篇读法》就是从阅读角度选录《史记》精彩篇章，结撰成颇具特色的《史记》选本。

王又朴（1681-1763），字从先，号介山，原籍扬州，6岁时迁居天津。雍正元年（1723）进士，授翰林院庶吉士，又授吏部主事。曾在河东盐运使司、凤翔府、汉中府、泰州、庐州府任职，后累官至池州、徽州知府。虽然官运并不亨通，但他明于水利，所到之处，颇有政声。王又朴辞官回津后，主持三取书院。“三取”即“乡试、会试、殿试”三试皆取之意。王又朴擅长古文，热心传授，受到天津文人崇敬，外县人也慕名而来。王又朴是桐城派学者，堪称清代中前期天津最有成就的散文家、诗人、经学家、史学家。

王又朴学识渊博，其著作多有出色之处。有《诗礼堂全集》五十七卷以及其它一些诗文单行本传世。王又朴晚年精于易学，《大清畿辅先哲传》称其在这方面的研究“卓有成效”。其研究《易经》的《易翼述信》十二卷，收在《四库全书》经部易类之中，《四库全书总目》誉此书“阐发证明，词理通畅，可取者亦颇多焉”。他还有研究《孟子》的《孟子读法》十五卷，在如今日本所藏中文古籍数据库中，即有该专著的乾隆十五年王氏刻本。王又朴的诗礼堂还大量刻书，为天津雕版印书事业做出了贡献。

王又朴在全国的影响之所以巨大，是因为他以白话文的形式注解了《圣谕广训》。在清代，每逢初一、十五，这是人人都要学习的语录。如在街头公开宣讲时，居民必须往听。1670年，康熙帝发布了一道劝善诏书《圣谕》，共十六条道德格言，每条七个字，内容都是告诉老百姓做人的道理和应遵守的规章制度。1724年，雍正帝又对此作了进一步解释，编成《圣谕广训》，以此告诫百姓。由于是用文言文写的，老百姓难以听懂、看懂。王又朴遂将其翻译成白话，用顺口溜的形式对其作了生动解释，以求家喻户晓，扩大其影响。其译文初名《讲解圣谕广训》，后因效果好，各省不断翻刻，书名变成《圣谕广训衍》。

《史记七篇读法》二卷是王又朴在清代乾隆年间所编选的重要《史记》选本，其中有：项羽本纪、外戚世家、萧相国世家、曹相国世家、淮阴侯列传、李将军列传、魏其武安侯列传等七篇。作者最初由于怀疑班固对《史记》的评价观点而“反复寻味”阅读《史记》，先只选读了一篇司马迁颇为得意之文《项羽本纪》，因而该书的序言在乾隆二年(1737)为《项羽本纪读法题词》。接着又在时隔十七年之后的乾隆十九年（1754）因“此七篇者皆世人误读而不识史公之所用心，余故特为著之”的理由，增选了后六篇。

王又朴以方苞为师，是推动桐城古文运动的中心人物之一。他针对所选篇目首先按照儒家的思想性撰写一篇独立于选文之外的读法文章，提出该篇大旨，并均能指示阅读方法，提出阅读应该“一气读”、“分段细读”，再细分段落。因此，在其指示阅读的文章中，往往会提及孔子、朱子的思想，颇有“阐道翼教”之意。其次，他以桐城派大家的眼光，分析司马迁《史记》的写法及用意，以“好学深思，心知其意”者自许。第三，王又朴在选文中加有评语，并用不同的符号标示其在文章中的不同作用等，用语精警，颇能洞彻文章章法。但由于该符号按照原文添加有诸多不便，因此，一律将其夹住在该段文字之后，且部分符号形状有些变化。第四，这次整理以王又朴的诗礼堂刻本为底本，《史记》选本正文参校以通行的中华书局《史记》校点本。

读法凡例

凡通篇主脑大关目，用双圆圈或大圈（◎）其字；

凡通篇立柱抒写处及通篇眼目，用双尖圈（）；

凡各段中主脑，用圆点（.）；

凡文字大结构精采处，用单圆圈　（○）；

凡文字用意处，用单尖圈（）；

凡文字小波澜处，用斜点（、）。

目　录

卷一

卷二

史记七篇读法　卷一

《项羽本纪》读法题词

昔班孟坚讥《史记》重货殖而轻仁义，进游侠而轻道德，以为是非颇谬于圣人，后之学者类多耳食，遂谓史公能文而未知道。夫道之显者为文，故曰“文以载道”；又曰“言之不文，无以行远”。岂有谬于圣人者而能信今传后至于千百世，历久而弥新也？况朱子称“史公才识皆高，但粗率”；又曰“史迁不可谓不知孔子”。夫识既高，能知孔子而是非谬焉，则知孔子何等也！余幼读《史记》，即疑班论为未常，及累年反覆寻味，益得其要领，盖至今乃始确然而有以深悉其故也。何也？史公盖多恢宏谲诡之词，不肯显言正论，又时以他事闲文自掩其笔墨之迹，且文辞浩瀚，读之者目眩神骇，往往一篇不能尽，故能得其旨者绝少。史公亦尝曰：非好学深思，心知其意，固难为浅见寡闻者道也。盖天下非无书之患，有书而不能读者之患。朴故取《项羽本纪》而详其读法，以史公之才识，莫著于此篇云。

乾隆二年七月既望，天津后学王又朴识于豫学署之东轩。

《项羽本纪》读法

此篇是太史公自出手第一篇用心得意文字。盖此以前之事皆有蓝本，史公则有所删，无所增。其不甚雅驯者，润色而已。此以后之事，在上者，既多所讳，而不能畅吾之言；在下者，又一人一事，非有关于天下大故，而不能尽吾之意。独此可以放手抒写，而言之也无忌，闻之者足以戒。然则读此篇者，不可不预执己见，亦不可执前人之见以为见。但息心静气，聚精会神，细细寻其条理脉络；万勿卤莽轻率读得数过，聊取其一二可惊可喜者，以资茶前酒后之谈，遂以为吾已能读得《史记》也。

项羽以暴起，不数年即亡，而史公俨然本纪之，列于汉诸帝之前。昔贤颇有讥焉。夫天下不可以无统，计秦亡于二世之乙未，而汉建于己亥，中间空虚者五年。然当秦亡后，诸侯所共奉之怀王尚无恙也，则此数月中，宜入本纪者莫如怀王。而愿舍怀而纪羽者，在史公亦各有所见也。或者曰：天下之于怀王，名焉耳！而羽宰制天下，政由己出，即沛公之封于汉，实亦禀承之。是当时羽固已统天下矣，此温公帝魏与欧阳氏论正统之说，而史公之意则不但此。盖君子之为文，非徒以自娱悦而已，必将有关于天下之大，是非得失之故；使后世之人，读吾书者莫不有所观感而以为鉴。虽一言一事，皆不可苟焉而已者也。义帝虽为天下之共主，然其兴也以项氏，其亡也亦以项氏，譬犹婴儿展转于人手，而固无得失之可纪矣。项氏既擅爵赏天下之权，且得有所以得，失有所以失，其关乎天下，非细故也。而吾不本纪之，则人将以群盗视之，而其得其失，孰取而监之哉？史公于是乃合其始终，洋洋缅缅，成此一大篇文字。是故人皆欢赏其雄奇，而不知其识见议论绝有关系有如此焉者。盖吾读《史记》三十年，至今日而始知之也夫。然而项氏之得失，乃可得而言矣。夫得天下有道，得其民，斯得天下矣。得其民有道，得其心，斯得民矣。故不独圣帝明王所以建千百年之业者，必由于此。即奸雄之窃据，权幸之篡夺，亦未有不假此以收拾一时之人心者也。故曰“盗亦有道”焉。今观项氏，世世为楚将，其系人心者一；而梁父项燕为秦所戮，楚人仇秦而怜项氏，其系人心者二；梁又能以兵法部勒宾客子弟，其系人心者三；而其得道之最大最大者，则尤在听范增言而立楚后，此项氏之所以兴也。及梁以骄失士致败，羽不知鉴，首杀宋义以背楚。巨鹿之战，实死劫其军以取胜，羽固非能素拊循士大夫也。乃所至残灭，全无一毫收拾人心之计，所为如此而欲济事，固已难矣。此天下所以旋服旋叛而至于亡也。故凡文中书屠，书灭，书击坑，书杀降，书烧夷，书系虏，皆著其暴也；书惮，书慴服，书莫敢仰视，书皆伏，皆著其以力服人也。夫以力服人者，未有能服人者也，昔子舆氏尝言之矣。项氏之失，在于放弑义帝。夫人而知之矣，然苏子曰："羽之杀卿子冠军也，是弑义帝之渐也。"则羽不得天下之故当先在杀宋义之时乎？然义虽为怀王所建，而非楚人所与，则其杀也，但王憾之而已。而羽之所以大失人心处，则在于受章邯之降之一事也，何也？项氏世世为楚将，而楚为秦所灭，则秦者，羽之国仇也；羽之大父为秦将王翦所戮，则秦又羽之家仇也；梁为羽之季父，而首起事，及兵败身死于邯手，则秦将章邯，又羽之切仇也。且楚人实嫉秦而怜怀王之不返也。梁为楚复仇于秦，而立怀王后，则梁为楚人所爱慕可知矣。楚人既甚爱慕乎梁，则必甚仇怨乎杀梁之章邯，乃羽以急入关之故而受邯降，是忘仇也，是弃亲也，是薄于所首事之季父也。夫薄于所首事，则凡一时共事者无不可薄也。薄于首事之季父，则凡共事与不共事之伯仲叔季更无不可薄也。此固诸项之不言而寒心者矣！故羽之不仁，秦人怨之，天下怨之，即楚之人亦怨之，即羽之诸父昆弟亦莫不怨之。然则羽虽气雄一时，实一独夫而已。文中写一项伯，即接手又写一项庄。项伯者，为汉间羽者也；项庄者，不尽力于羽者也。读至终篇，诸项氏枝属，汉王皆不诛。封项伯为射阳侯，又云桃侯、平皋侯、元武侯，皆项氏，赐姓刘氏。然则项氏之叛羽者固已多矣。此固史氏深文隐笔，而人不得而知之者也。

羽惟不仁，故忍。然文中偏写他不忍。一则见于范增口中，一则见于羽自己口中。而于写项梁处，先写一“不忍”字，从反面引起。夫不忍之心，仁心也。以不忍人之心，行不忍人之政，治天下可运之掌上。今观项梁，不忍于与国之王，况肯忍于所立之主乎？不忍于穷来相从异姓之王，况肯忍于倡义首事同姓之季父乎？而羽则不然，忍于宋义，忍于秦卒，忍于降王子婴，忍于天下王侯将相士民，而且忍于祖父世世所事之人之孙、为吾季父所立之义帝者，则亦孰不可忍也？而独不忍于与吾争天下之沛公。忍弃其关中之都，忍弃其敖仓之食，忍弃其智能之范增，忍弃其同起事之子弟八千人，而且忍弃其倡义首事之季父梁，则亦孰不可弃也？而独不忍弃其美人与所骑之马。写尽妇人之仁矣。

篇中写羽，不但无帝王气度，亦全不是大将身分，不过一骑将耳。前既于宋义口中点出，以后击田荣，击汉，击彭越，击陈留外黄，凡写战胜，无非亲在行间者。至于用郑昌而败，用萧公角而败，用薛公而败，用曹咎、司马欣而败，其与汉相持，必写其自披甲持戟临阵挑战，此骑将之枭雄者也。故后段写“二十余骑”字以结之。且前杀会稽守，写籍所击杀数十百人，后于结处亦写独籍所杀汉军数十百人。写尽匹夫之勇矣。

此篇为史公第一篇文字，故其大旨有如此者。至其行文之妙，则先当一气读。不一气读，则不能悉其本末意义、脉络通贯，而旨趣不得而出也。然又须分段细读，不分读则不能得其顺逆、反正、隐显、断续、开合、呼应诸法，而旨趣亦有不得而贯通者也。

先当分作两大段读，于“各就国”画住。上是写羽之得，下是写羽之失。

再于两大段中分作六段读。首叙羽起事为一段，次叙巨鹿之战为一段，又次叙入关为一段，又次叙封王诸侯为一段，又次叙楚汉相持为一段，又次叙垓下亡羽为一段。段段浓郁，段段变化，无法不备，无美不臻，天下之奇文也，大文也，神文也，至文也。

羽起事一段最难写。盖羽非首事，而首之者则梁。若从梁顺叙下，于事则得，而于文欠顺。盖此篇乃纪羽，非纪梁也。看他从羽叙入梁，写梁即兼写羽，而宾主自明，是何等手法！即单写梁处，亦非写梁。盖写梁之部勒宾客及部署豪杰处，乃为羽不能用人反照；写梁击倍陈王之秦嘉，乃为羽倍怀王约，而为王三秦将反照；写梁立楚后，乃为羽弑义帝反照；写梁不忍杀田假，乃为羽忍杀子婴反照。惟栎阳逮一笔，为羽后日忘梁陪案，则写梁，即无非写羽也，及写至项梁死，即宜直接羽矣。及写怀王遣将救赵，从卿子冠军始卸出羽来，此种出落，是何等手法！

梁之能用人，上是虚写，下是实写。必如此两番写之者，盖经营天下全在得人。某事不能办，虽以吴中故人，且不肯用，况无能如咎、欣等，岂肯以其私恩而用之哉？反是以观，则梁之所用者可知也。至于羽，则知如范增而疑之，勇如黥布而怨之。篇中写羽之失人多矣，而独于增、布两人，前后甚着意写。然则人才之所系，顾不重哉！

陈婴一段甚详者，非于《羽纪》中，又附婴传。盖举一婴，以例从梁之人；举一婴母，以例从梁之丈夫。点明项氏之世为楚将，非从项，实从楚也。梁以楚将而得人，羽以杀楚怀王而失人，为此篇之大关键，故详写此事以实之。

若从梁死以下入羽，亦有何难。如世俗史则曰“项梁死，羽恐与沛公谋，急引兵东归。怀王闻之，疏羽不用，自盱台之彭城，并羽与吕臣军，自将之，又不令羽同沛公入关。羽憾王，会秦使章邯乘胜渡河击赵，赵败，邯围之。怀王用高陵君显言，以宋义为上将军，羽与范增副之，救赵。羽遂杀义自将”云云，岂不径捷！而必如此繁文累笔以写之者，何也？不知救赵，是羽一生得手第一快着。后文屈服诸侯，主盟称霸，许大事业，皆权舆于此，如何简略得！看他未写巨鹿战功，先已预作声势，将秦兵强盛写一段，则下写羽战胜，自增色泽，然又不一笔而已。前写王歇、陈馀以一时豪俊，皆走入城避之，不敢击矣。下又写一知兵之宋义亦束手无策，坐视其成败而不敢击。然后转出羽来，便加二十分声势。此画家烘染法也。

即转出羽，亦不遽写战，先写羽兵略一段。看他责宋义，何等词严义正，洞达事机！真可谓知彼知己者，则不必言战，而胜形已见矣。然则巨鹿之胜，非惟羽力使然，实大义所驱耳。句句为后文写照，此史公用意处也。

上已写羽出头作事，此下即写巨鹿一战，为羽立功显名之所由始。故特用提笔领起，而以“诸侯皆属”句结住，见羽之所以霸也。中间不过二百余字，却写得掀天揭地，辉辉赫赫，其法不过加倍烘染，总不用一正笔而已。

看他正写，止于“是至则围王离”，共三十四字。然写得迅利倏忽，如从天降，用笔何等灵快轻捷！夫其所以如此灵快轻捷者，全在于未战之前先与极写，于既战以后又为极写，然实无一笔正写战。其战却于诸侯之观战者眼中写出，遂觉笔底纸上皆奕奕生动。用笔真如生龙活虎，不可捉摸。

写楚兵，先说“无一还心”，后写“无不一当十”，又加“呼声动天”一句以足之；写诸侯军，先说“无不人人惴恐”，后说“无不膝行而前”，又加“莫敢仰视”一句以足之。写诸侯所以衬羽也，俱用一样文法，乃两两写来，忽以“项羽由是始为诸侯上将军，诸侯皆属焉”二句，将羽与诸侯一笔收住，真有扛鼎之力！

“项羽由是始为诸侯上将军”句，与前“为裨将”，“为次将”，“为假上将军”，“为上将军”，与后“自立为西楚霸王”上下呼应。

前详责义之词，著羽之知略也；后详巨鹿之战，著羽之勇悍也。羽之美，尽于此矣，以后则皆写其丑。

宋义令曰“猛如虎，狠如羊，贪如狼”，实指羽也。此羽一生定评。通篇皆为此三字写照。

自“章邯军棘原”，至“烹说者”，为入关一段事。前写受邯降，若与入关不相蒙，然却是因入关故受邯降，非二事也。盖羽之力非不足以击灭章邯者，但邯亦劲敌，猝不可尽。淹迟时日，恐沛公得先入关耳，故急许邯降。观“与军史谋”之语可见。夫“持三日粮”尚可以破秦方张之师，岂有是“入赵地，因赵食”而乃以粮少为患乎？分明口中假语，是以下一“闻沛公已破咸阳，即大怒也”。夫羽既以入关为急，则其致怒于先入关者当何如？乃于鸿门之谢，竟草草放过。且羽既以入关为急，则既入而因据为世业，又当何如？乃闻说者之言，而又草草舍去。直写尽羽之粗糙卤莽，毫无远略，故“以说者曰沐猴而冠”一语结之。然则入关出关是题目。鸿门一段是入关文字中的波澜，非正文也。读者甚勿误看。章邯之降，详写至四百余言者，非冗也。写邯，所以甚羽也，其甚羽奈何？邯为秦将，实破楚、杀梁，固楚人欲得而甘心，尤羽之所欲得而甘心者，此断断无许其降之理。乃邯因二世责让而心恐，已欲降矣而未敢；虽长史欣劝之，陈馀之书劝之，终迟疑不决，及已约矣而犹未敢。必至兵再破、大破，计无复之，始不得已而降。虽降，犹见羽流涕，作乞怜状，是邯之必为羽所仇，羽之必不容邯降。邯且自知之，而孰意羽竟有不然。不然者，则羽之不仁，不迥出人情之外也哉！史公委委曲曲，凡长史欣之言，陈馀之书，皆详写不遗。写邯，所以甚羽也。

邯之流涕，实畏羽诛，故作乞怜状耳。乃下补一语曰“为言赵高，若全非乞怜者”，此史公自掩其笔墨。如此类极多。昔人作文，主意惟恐人易知；今人作文，主意惟恐人不知。此古人文字所以绝非后人所能及者也。

邯之杀梁，无智愚皆知羽必仇邯而杀邯；乃今不惟不杀之，而且封之，此何道哉？夫封以王而置之楚军中，此固楚人及诸项之所以解体也。且也使长史欣为上将。夫欣固有德于梁，而邯非杀梁者乎？使梁而有可念也，则感其尝有德于梁之人，而岂其不仇其杀梁之人？使梁而无可念也，则杀梁者已不以为仇，又岂戋戋焉于有德于梁者而致其感。乃欣之小德，羽念之；邯之大怨，则懵若忘焉。写不仁之人颠倒迷谬如此，特书此二笔，以与前项梁尝有栎阳逮一段相打照。而欣与曹咎、董翳尝有德于项梁，尝劝章邯降楚，后文屡屡提动，史公微意大有在矣。读者止谓著羽之私于用人，此皆不知史公之文者也。

羽之封邯为雍王，昔人谓此时即有负约不立汉王之心，非也！盖羽之意，以邯世为秦将，国内与者必多，故以秦地封之，邯将自急其所得之地，而羽因得长驱入关耳。即此可见其驱人使自为战之意，所谓兵法略知其意者也。

鸿门一段文字，写得极紧簇、生动。人见其热闹，便谓史公着意在此：以羽不杀沛公为羽之大错。何所见之浅也！夫以羽之残暴不仁，即使沛公可得而杀，亦必不能有天下。此理也，势也。史公之意，盖自受邯降至烹说者，总写羽不以仁亲为宝，而以货财为宝，至失其亲而为他人所用也。盖羽急于入关，其志原利秦之财耳。何以见之？吾于两写大怒及后特书收其货财妇女而束一笔，则羽之情事固灼然可知也。盖羽惟利其财，故一闻沛公"珍宝尽有"之谤，即大怒，已而又知沛公之封府库而未取其财也，其怒已平矣。是以范增曰"急击"而羽未应，项伯曰"不义"而即许诺也。至对沛公曰"此司马曹无伤言之"一语，尤觉分明。不然，羽止以沛公先入关见忌，而急欲击杀以泄其忿，则伯之言正触其忌者也。奈何反听而释之乎？乃沛公封府库，于财物无所取，却不于羽处写出，而点于范增口中，此笔法变化之妙。然史公犹恐后人不喻其意也，又写献璧一事以提醒之，下又写富贵归故乡一语以点明之。夫史公文字明白易见如此，而后之人犹多惘惘然者，则以文字之妙迷离灵变。人但于热闹中求之，而不知于闲冷处求之耳；人但于有字句处求之，而不能于无字句处求之耳。

前写范增之论沛公，所以为羽之反照也。后写说者之讥楚人，所以为羽之论断也。至于中间，写项伯，写项庄，写良，写哙，以见沛公不宝金玉而宝贤才。故不独其臣乐为之死，即敌国之人皆乐为之用也。羽惟以货为宝而不仁其亲，故不独敌国之人得窥其隐而中之，即至亲如诸父昆仲亦且不尽力，而反为他人用也。史公于项伯下特注一语曰“羽之季父也”，正与篇首“其季父项梁”一语打照。盖已将此段意旨和盘托出矣。

鸿门一事，凡三见《史记》，然高纪与哙传皆略而独详于此者，史公固以羽之失诸项心。此事最为明白显著，而羽即坐此以失天下，故特借范增之言以明之。一则言沛公当为天子，再则言若属皆为所虏，三则言夺项王天下者必沛公。盖败亡之征，智者先见。而“亚父者，范增也”句，又特为提醒读者，使之着眼，非以不杀沛公即为项羽失天下之故也。读者莫为所欺。夫此一事也，为项羽一生得失之大机括；而此事之文，亦为本纪中一篇前后之大枢纽。看他自始至终细细描写，将一时各人心事、各人面目、各人身段脚步方向，无一不逼真活现，如好梨园子弟搬演杂剧，遂使观者心头眼底如亲见其人，亲见其事。昔人谓史迁为写生手，信然也！

此下写封王诸侯一段，所以著羽之负约，故首以“如约”二字起，后以“相聚而叛之”止。中又以“负约恐天下叛”及“如约即止”二语，作上下关键。此一大段文字，亦分二段看。“各就国”以上，写羽封建不公；以下写王侯之叛。其写封建一段，随叙随注，前以羽欲自王起，后以羽自立收，又以“诸侯罢戏下各就国”总结住，甚整齐。以下或繁或简，或疏或密，另是一样笔法。

礼以定民志，治天下无如礼者。是以君臣之分正，而上下永以相安。羽以楚将，而不禀其君之命，又所封建诸将，皆夺其君而予其臣，无礼甚矣。此教之乱也。故人人皆逐其君，而逐君者，人又得而逐之，天下纷纷，何时定乎？然则与羽以天下，亦不能一朝居也。史公方写完封建，接手即写王侯之叛；方写王侯之叛，接手即写羽之将黥布之叛。噫！几不旋踵矣！

自“汉王部五诸侯兵伐楚”至“请今进兵止”，乃写楚汉相争之事。一段文字，最曲最隐，非心细如发者不能读也。

自“汉二年春，汉伐楚，楚败之。追至荥阳、成皋间，相持”至“五年，楚始亡”，中间共四年。此四年中，羽应有如许事，然不关天下得失，史公故不录焉。即在荥阳、成皋间大小亦当非一战，而史公止以“汉败楚，楚不能过荥阳而西”[1]一语概之，而录其大者。盖兵莫重于食，汉以食乏而欲和，楚不听。及楚食尽而与汉约，汉又宁肯听之乎？然楚不许汉和，而汉终能出围。汉虽已与楚约，而汉终至灭楚，则以羽不能用范增，而汉王能用良、平也。故疑增与听良、平言，为此段大关目，而食为此段之骨。楚已拔成皋，而不知守敖仓，故无能为也。文中特屡屡标出，虽至篇末写羽亡一段，仍点“食尽”一语，此诚楚之一大失也。至羽两番击彭越，皆必详写者，盖越反梁地，绝楚粮，为羽心腹之患，羽之亡，实由于此，故特详之。然此皆人人之所及知者也。而吾独怪史公于羽纪中，顾乃琐琐及汉王之过沛收家室，而滕公收载孝惠、鲁元与太公、吕后为楚得，为楚人质，以致有分羹之言，陆贾、侯公两次之请，且更琐琐及侯公之不复见与所以封为平国君之意。此与羽有何干涉？而乃详哉

---

① 注：引文少“以故”两字，原文为“楚以故不能过荥阳而西”。

其言之乎。噫！吾知之矣。夫世固未有不仁而得天下者也，亦未有不仁于其亲而仁于天下之人者也。盖老吾老，以及人之老，而天下即运之掌，亦曰有可推而已矣。今汉王以仁而得天下，而使先弃其父，此即曰“取天下人，置之怀而噢咻之，人不信也”。且汉王推堕其子女，犹曰“子女死，可再生耳；父死，可再得乎？”故自非枭獍，断未有忍于其父者也，汉王虽未如舜之孝，然必不至弃其父而不顾。世徒以分羹之言，罪之至深，是为天下大利而至不顾其生身之父如此，而又何异于羽之忍于其季父之梁？而沛公何以能得天下，而羽何以遂失天下也哉？善哉！子朱子之论曰：“广武之会，太公既已为项羽所执，高祖若去求告，他定杀了，只得以兵攻之，他却不敢杀。”时高祖亦自知汉兵已强，羽亦知杀得无益，不若留之，庶可结汉之欢心。及问舜弃天下犹敝屣，曰“如此，则父子俱就戮尔”，亦救太公不得。若分羹之言，自是高祖说得不是，此言可得当日之情事矣。然吾更取史公所书，再三读之，窃不禁恍然有得于其不言之旨也。盖汉王熟于御将，夫其所以御之者，岂如二帝三王之推心置腹哉？权而已矣！夫人即至忍，亦未有忍于其子女者也。今观汉王，道遇孝惠、鲁元，而从骑已收载之矣，乃急则推堕之，至再至三，此岂人情哉？盖危亡之秋，所藉死力以相捍。惟相随之数十骑耳，子女何为者？乃以相累，故子女可舍而吾将士必不可累，是以屡次推堕。而《滕公传》，谓公载之而雍树乃驰，其情状自见，且谓帝行欲斩婴者十，皆帝之假也。此高帝所以得人心力，而纪信至为之死。今夫王道之不明久矣。凡开国之主，无不以权济事，如高帝者何可胜道！且帝一下三秦，遽部五诸侯兵伐楚，其气甚锐，非能待楚之自毙而后取之者也。虽大败彭城，然韩信一收散兵，尚败楚于京索之间，此亦不可为弱也。且汉将之足以当羽者，无如信，而与汉争天下者，止有楚。羽既已失天下心，其强非不可弱者，宜用信以敌羽。羽灭，则诸侯不战而自服矣。帝岂不明乎此？乃别遣信，伐魏击赵，收燕灭齐，而为此旷日持久迂远之计哉！盖帝必有所不可击羽者矣。故羽屡挑战，而汉辄不听，及羽往击越，而汉即取其军，此岂畏羽之猛悍然乎？夫其不击者，惧羽败，必忿而杀太公也；其击者，瞰羽不在军，冀得太公也。故必至羽兵罢食尽之时而后乘机遣人一再往，求得其父。及已得，而所以击羽者不能一日缓矣。此岂必待良、平言而始追之哉！乃必借良、平言而追者，皆权也。帝固以为吾实推赤心于人，本非负约者也。盖智深勇沉之主，其所以御天下之智勇多如此。夫汉之得策，即楚之所以失策。史公盖微窥其故。故前后中间琐琐详叙，而又于侯公之封特为注明曰“此天下辩士，所至倾国，故号为平国君”。所谓倾国，意正指此。不然，何所谓而漫言之乎？若如评史者所言“谓利口之覆邦家”，史公随手示其旨，则于羽纪中阑入他事，从来无此文理。昔归熙甫先生最善《史记》，尝曰：“《史记》往往于叙事热闹中间，忽插入闲字闲话，极有味。”所谓有味者，谓与前后大旨妙有关会，故有味耳。此正前贤引而不发，令读者之自得之也，岂谓其方叙正事未完，忽夹杂说别项没要紧语为有味耶！

盖沛公惟仁其亲，故能推之于其臣；而其臣为之收其孥，全其父，而且代其死；推之于其民，而老弱皆诣荥阳而关中不变，有天下大半，而诸侯皆附之。羽惟不仁其亲，故无可推于其臣，而其臣或去或叛，或且为敌人内间，而卒无一人尽心于所事；无可推于其民，故梁地尽反，而百姓莫肯归心；即其军，亦皆乐罢而不为之用。史公特地写来，与羽两两对勘，此又其深文隐笔，世人莫得而知之者也。

此段全是写羽不仁，无一人为其所用。如写滕公，写纪信，写周苛，写外黄舍人儿，写良、平，写韩信、彭越，皆反形也；写疑范增，写听项伯，写用龙且、曹咎、司马欣，皆正写也。此皆明明写出，然又有不明写者。如凡战胜，皆写羽自将；而凡所遣将，则必败。且方与汉相持成皋而击彭越二次，皆必自行。至楼烦一段，则且身自披坚执戟挑战，其无人为用可见矣。夫羽之失士心如此，而犹往往致胜者，盖自巨鹿以来，皆以威劫其军耳。史公于纪信诈降之下即接写楚军皆呼万岁，于羽与汉约归其父母妻子之下亦接写军皆呼万岁，则楚人之乐于罢而惮为羽战也明矣。此皆史公之深文隐笔，不求世人之知，而世人亦无能知之者也。后又详写期会信、越之事者，见帝已有天下大半，尚能分以与人。夫能舍天下而与人共功名，独不能舍天下而与其父同生死乎？详此，以为上文不弃太公之证非迂笔也。此段多用叠笔。如写汉王推堕子女车下，下即写项王之高置太公俎上。上写滕公之收载孝惠、鲁元，下即写侯公之说请太公、吕后。上写汉败楚，楚不能西，及距之巩，令不得西；下即写项王谓海春侯曰“毋令汉得东”。上写羽欲听汉和，以范增言，故急攻；下即写汉已从羽讲，以良、平言，故追击。上写汉王患楚之围荥阳，乃间楚；下即写项王患越之烧楚粮，乃挟汉。上写范增以疑去国，下即写纪信以身代死。上写周苛之守死不屈，下即写曹咎、司马欣之不守约致败。上写楚挑战而汉不听，下即写汉挑战而楚即出。上写陈平计间楚，而楚辄信；下即写项王说诱信，而信不从。皆两两对照：或特相犯，以见笔之变；或故相避，以明事之同。较前又是一样笔法。归熙甫云：“《史记》于写楚汉处，如做杂剧，一出上，一出下。”诚然也。

羽挑战而汉王大惊。评者多谓惊羽之勇。夫羽之勇悍，汉王与相习数年，岂至今日而始惊之？此小儿之见也。盖以其无人为用，至以一身轻出，故惊耳。是以临阵，乃敢数其罪以责之。

羽亡一段，另是一种商调，“凄凄不似向前声”矣。

《高纪》书垓下战阵历历如画，此尽删却，止以“兵少食尽”四字著羽之失人心，而不知天之天，以见羽非人能亡之，乃自亡之也。《赞》中点出此意。

看他三写垓下字起甚作意。以下在羽死前写四段；在羽死后亦写四段。于失意败亡之事偏写得如此闹热，如今世俗之殡其亲者，花团锦簇，车马喧阗，却全是凄惨衰飒景象，真千古绝调也！

羽死前四段，人但赏其文字之妙，不知却是羽一生罪案至此总为断结。乃不写于他人之口，即从羽亲口供出，真乃妙不可言也。如第一段，写羽惊曰“汉皆已得楚乎，是何楚人之多也？”则羽一生失楚人心，以致众叛亲离，至此点明矣。第二段，对其骑将引“天亡我，非战之罪”，则羽一生以力服人，残暴不仁，获罪于天之状，又为点明矣。第三段，对亭长所言，即第一段意，然前犹浑说，此则明明指出。盖八千人中项氏之族必多，今无一人还，岂皆殁于阵乎？观下项氏四人皆封侯易姓，则项氏之归汉者多矣。项氏且归汉，则楚之子弟归汉之多可知矣。此《赞》中所谓王侯叛己也。第四段，即第三段后，实写溃围斩将刈旗之余波，此《赞》中所谓以力征也。

羽死后，四段。第一段写诸将争羽之体；第二段写分羽之地；第三段写葬羽之尸；第四段写易项氏之姓。而羽身亡国灭，且至覆宗绝祀，天之所以报不仁者严矣。此篇末特标出一“天”字之意也。

于风戈铁马、战苦云深之际，写歌，写饮，写诗，写和，写骏马，写美人，抑何风流婉丽也！然婉丽之中纯是一片凄切，凄切之中又觉甚是悲壮，此真化工之笔，吾恶得而测之哉！羽以八千人起，今写其败，则曰“八百余人”，“百余人”，“二十八骑”，“亡其两骑”，“独籍”，此从多说至少；“斩汉一将”，“复斩汉一都尉”，“杀数十百人”，“杀汉军数百人”，此从少说至多。一则证羽之失人心而为独夫也，一则证羽之不以德而以力征也。羽死前文字虽分四段，然其实止美人、骏马两段文字耳。此两段文字极有变化。首以美人、骏马双起，羽诗中则先说马，后说美人；下则先叙美人，后叙马：平串不同，一也。及叙美人，止四句；叙马，则四百余言：详略不同，二也。写不忍于美人，则用“泣数行下”四字，暗写；写不忍于马，则于羽口中明点出：明暗不同，三也。于不忍美人处写羽泣下，即以左右皆泣陪之，前以歌起，后以泣止；于不忍骏马处写羽上马骑，下即以“壮士骑等从十余骑”字陪之，更以“汉军十余骑”字陪之，前以上马起，后以下马止：陪衬疏密不同，四也。

未写项王歌，先写楚歌；又写美人和歌，又写项王泣，又写左右皆泣，一片儿女深情，笔势几于不振。此下忽然换调，银瓶乍破，铁骑突出，而以“于是乃上马骑，乃觉之”二语过下，笔势真如兔起鹘落。

自上马骑至下马一段，皆写马，非写人也。即迷失道一段，亦是写马，盖非此则马已飞驰绝迹，不可得而追及之矣。至后对亭长特赞马数语，此其点睛处也。

以“大惊”字收前无数“大怒”字，以“皆泣”字，收前无数“皆慴伏”等字，以“莫能仰视”字收前无数“莫敢起”等字。后一“笑”字，乃“大怒”字，“余影皆伏”字，“乃皆慴伏”等字余波。

人莫易于写盛，而难于状衰，以其迫促易尽也。今史公写羽之败，仍觉意气宽闲，英风奕奕，则其败也如胜矣。写羽之死，仍觉众人心头眼底如有一活项王跳掷而出，则其死也犹生矣。此等笔墨真前无古，后无今，不得不推史公独步。

写鲁不下，特标出“守礼义为主死节”等字。将羽弑义帝许多无礼义处，又得一番打照。其曰“鲁最后下”，以明诸项与楚人之早叛也。“以鲁公礼葬项王”

数句，史公大有深意在。夫礼义之可以为国也，大矣。使羽而能以礼义持其身，则诸项、楚人亦皆以礼义事其君，天下诸侯王亦皆以礼义奉其令，何至身戮国亡为天下笑哉！一篇无礼无义文字，而以“守礼义”三字结，此是何等识见！此是何等学问！班孟坚谓“史公是非颇谬于圣人”，不亦诬乎？

《赞》中引舜况羽起，隐隐注出一“德”字，而语特诙谐入妙。

“背关怀楚”，颜师古注谓：“背关，为背约不王高祖于关中；怀楚，谓思归，弃关中而都彭城也。”夫不王高祖于关中，宜惟汉怨，与王侯之叛无与。若不都关中，不过羽自失策，与王侯更无干涉。考《自序》曰：“秦失其道，豪杰并扰，项梁业之，子羽接之。杀庆救赵，诸侯立之。诛婴背怀，天下非之。作《项羽本纪》第七。”则“背怀”字与“诛婴”字对，明谓背楚怀王也。又按楚词《招魂》“虎豹九关”注：“使神虎豹执其关闭，则关者，闭也。”又《博雅》曰“塞也”。然则“背关”二字一连，犹曰“违拒”耳。盖言羽违拒项梁所以立怀王为楚后之义而放逐义帝，故王侯叛之也。古人语多拙滞如此。

此文有大关锁法。首以姓项氏起，末以赐姓刘氏结是也。不知者谓一姓盛衰兴废之感，浅矣。盖此篇皆写项氏不仁，所以失天下之心也。夫项氏之姓受自楚之先君，木本水源，其可念为何如者，而乃忍而忘焉，是自弃其姓也，是自绝其宗也。迨其亡也，诸项皆易为刘氏矣，可不畏哉？

有段段关锁法。如起事一段，以“令羽召桓楚”起，以“令桓楚报王”结；救赵一段，以“名闻诸侯”起，以“诸侯皆属”结；鸿门一段，以范增之言起，仍以范增之言结；封王诸侯一段，以“如约”起，以“相聚而叛之”结；荥阳、成皋一段，以“汉欲和”起，以“汉负约”结；垓下一段，以“诸侯皆会垓下”起，以“诸将争得项王”结等是也。

有大落墨法。如救赵一段，所以著其盛；垓下一段，所以著其衰；鸿门一段，所以著其盛极将衰。此三段皆出色，极力描写如阵法：救赵者，前茅也；鸿门者，中权也；垓下者，后劲也。

有零星点次法。如“惮”字，“震恐”字，“慴伏”字，“莫敢枝梧”等字；“八千人”字，“六七万人”字，“四十万人”字，“八百余人”字，“二十八骑”

字，“亡其两骑”字，“独籍”等字；“大怒”字，“大惊”字，“泣”字，“笑”字，“又十数东西”字，等是也。

有埋伏法。如写羽破秦称霸，乃遥遥于未起事之前先写观秦皇帝“可代”一语，如冬月寒梅之漏泄春光；写羽身亡国灭，乃遥遥于未称霸之前先写范增言汉王必夺羽天下，“若属皆为所虏”数语，如五月鸣蜩之预报冷信；又如羽之忘大仇而念小惠，信用长史欣与曹咎以致败，即预于写梁处伏一笔等类是也。

有照应法。如前写项氏世为楚将，下引陈婴之母之言以应之；上写项羽之背其季父梁，下即于项伯之叛羽处写一“羽之季父也”一句以应之：此正应也。又如上写项羽之忘其杀梁之章邯，下则屡写羽不忘有德于梁之咎与欣；上写羽之忍弃其季父梁，下则屡写羽：不忍弃其美人与骏马：与此皆反应也。

有明写处。如写项王用人之私与封王诸侯处，连写数“故”字、“因”字、“乃”字，而于曹咎、司马欣皆屡点出旧有德于梁等类；写项王之力征，用许多“慴伏”字、“莫敢”字、“挑战”字等类是也。

有暗写处。如受邯降，为急于入关也，却一字不露，止于“与军吏谋”一语，及下接连写两“大怒”字见之；又如羽失诸项及楚人之心，亦一字不露，止于项伯之为汉，间项庄之不尽力于羽；及“闻楚歌”数语见之；然写项庄之不尽力，亦不明写，却于范增口中“竖子”句点出。而写项伯，却先写其与张良有旧，来与俱去，若全不为汉王者，此则史公自掩其笔墨之迹也。又如写羽之失人心，至无一人乐为用，全不明写，止写其亲身挑战及其军两呼万岁，反面见出。此等最多，读者须细心寻求之。

有极详处。如陈婴之附楚，章邯之降，鸿门之会，固陵之期会信、越等是也。

有极略处。如荥阳相持，以汉败楚，楚不能过而西二语，概却一，二年间事；垓下之战、淮阴列阵，皆全删去等是也。

有上下相形处。如写梁，则曰“众乃皆伏，伏其能用人也”；写羽，则亦曰“骑皆伏，伏其力也”；写梁不忍杀田假，下亦写项羽不忍杀沛公；上写沛公推堕子女，下写项羽不弃其美人，两两对照等类是也。

有急脉缓受法。如鸿门一段文字，旦即击破汉军，其事甚急，乃写张良入而问谁为大王画计，汉王连曰为之奈何，其情甚急，乃问良云："君安与项伯有故？"又问："孰与君少长？"一问一答，皆为详写。于匆忙迫促之时，偏作如此从容暇豫之笔。又如垓下一段，事已就尽，文亦将完，乃分骑、会骑、指麾谈笑，偏于弦急柱促之时，故为长声逸响等是也。

有缓脉急递法。如叙范增以疑间去楚，笔意甚闲，却急接纪信诳楚；叙项王闻歌起饮，一歌一和，一泣众泣，几如哀弦繁怨，再不得了，却陡接"于是项王乃上马骑"等是也。

有于语言中夹叙事者。如正叙守通与梁言，中间夹入"是时桓楚亡在泽中"；正叙汉王留良谢羽，互问互答，中间夹入"当是时也"数句是也。而末段项王顾见汉骑司马吕马童曰"若非吾故人乎"语，与下"吾闻汉购我头"数句本一气，乃中间夹入"马童面之指王翳曰：'此项王也'"，一时语言顾盼情景尤觉活现。

有于叙事中间又夹叙别事者。如项王乃与范增急围荥阳，下汉将纪信说汉王曰"事急矣"原是一事，中间乃夹叙汉王计间范增，增去楚是也。

有语未完而即接叙事者。如鸿门汉王谢羽之词未毕，即接入羽语，下更不补入汉王语，竟叙留饮是也。

有以语言代叙事者。如汉王之封府库，前并未叙明，乃于范增口中点出；又如汉王以太公在楚，故不得击，前并不叙明，及太公归，始于封侯公语中点出是也。

有文字互救处。如入关一段甚参差，然两两相形，却甚整齐。封建一段甚整齐，然或疏或密，或详或略，却又极错落，各极其致是也。

项羽本纪

项籍者，下相人也，字羽。初起时，年二十四。(、)其季父项梁，梁父即楚将项燕，为秦将王翦所戮者也。项氏世世为楚将，封于项，故姓项氏。(◎)项籍少时，学书不成，去学剑，又不成。项梁怒之。籍曰：“书足以记名姓而已。剑一人敌，不足学，学万人敌。”于是项梁乃教籍兵法，籍大喜，略知其意，又不肯竟学。(、)项梁尝有栎阳逮，乃请蕲狱掾曹咎书抵栎阳狱掾司马欣，以故事得已。(◎)项梁杀人，与籍避仇于吴中。吴中贤士大夫皆出项梁下。每吴中有大徭役及丧，项梁常为主办，阴以兵法部勒宾客及子弟，以是知其能。

秦始皇帝游会稽，渡浙江，梁与籍俱观。籍曰：“彼可取而代也。”梁掩其口，曰：“毋妄言，族矣！”梁以此奇籍。(、)籍长八尺余，力能扛鼎，才气过人，虽吴中子弟皆已惮籍矣。(𝄐)猛。

秦二世元年七月，陈涉等起大泽中。其九月，会稽守通谓梁曰：“江西皆反，此亦天亡秦之时也。吾闻先即制人，后则为人所制。吾欲发兵，使公及桓楚将。”是时桓楚亡在泽中。梁曰：“桓楚亡，人莫知其处，独籍知之耳。”梁乃出，诫籍持剑居外待。梁复入，与守坐，曰：“请召籍，使受命召桓楚。”守曰：“诺。”梁召籍入。须臾，梁眴籍曰：“可行矣！”于是籍遂拔剑斩守头。（ ）狠。项梁持守头，佩其印绶。门下大惊，扰乱，籍所击杀数十百人。（ ）一府中皆慴伏，莫敢起。（ ）梁乃召故所知豪吏，谕以所为起大事，遂举吴中兵。使人收下县，得精兵八千人。（ ）梁部署吴中豪杰为校尉、候、司马。有一人不得用，自言于梁。梁曰：“前时某丧使公主某事，不能办，以此不任用公。”众乃皆伏。于是梁为会稽守，籍为裨将，（ ）徇下县。

广陵人召平于是为陈王徇广陵，未能下。闻陈王败走，秦兵又且至，乃渡江矫陈王命，拜梁为楚王上柱国。曰：“江东已定，急引兵西击秦。”项梁乃以八千人渡江而西。（ ）闻陈婴已下东阳，使使与连和俱西。

陈婴者，故东阳令史，居县中，素信谨，称为长者。东阳少年杀其令，相聚数千人，欲置长，无适用，乃请陈婴。婴谢不能，遂强立婴为长，县中从者得二万人。少年欲立婴便为王，异军苍头特起。陈婴母谓婴曰："自我为汝家妇，未尝闻汝先古之有贵者。今暴得大名，不祥。不如有所属，事成犹得封侯，事败易以亡，非世所指名也。"婴乃不敢为王。谓其军吏曰："项氏世世将家，有名于楚。（◎）今欲举大事，将非其人，不可。我倚名族，亡秦必矣。"于是众从其言，以兵属项梁。项梁渡淮，黥布、蒲将军亦以兵属焉。凡六七万人，（𝄐）军下邳。

当是时，秦嘉已立景驹为楚王，军彭城东，欲距项梁。项梁谓军吏曰："陈王先首事，战不利，未闻所在。今秦嘉倍陈王而立景驹，逆无道。"乃进兵击秦嘉。秦嘉军败走，追之至胡陵。嘉还战一日，嘉死，军降。景驹走死梁地。项梁已并秦嘉军，军胡陵，将引军而西。（𝄐）章邯军至栗，项梁使别将朱鸡石、馀樊君与战。余樊君死。朱鸡石军败，亡走胡陵。项梁乃引兵入薛，诛鸡石。项梁乃使项羽别攻襄城，襄城坚守不下。已拔，皆坑之。（𝄐）狠。还报项梁。项梁闻陈王定死，召诸别将会薛计事。此时沛公亦起沛，往焉。

居鄛人范增，年七十，素居家，好奇计，往说项梁曰："陈胜败固当。夫秦灭六国，楚最无罪。自怀王入秦不反，楚人怜之至今，故楚南公曰'楚虽三户，亡秦必楚'也。今陈胜首事，不立楚后而自立，其势不长。今君起江东，楚蜂起之将皆争附君者，以君世世楚将，为能复立楚之后也。"（◎）于是项梁然其言，乃求楚怀王孙心民间，为人牧羊，立以为楚怀王，从民所望也。（◎）陈婴为楚上柱国，封五县，与怀王都盱台。项梁自号为武信君。居数月，引兵攻亢父，与齐田荣、司马龙且军救东阿，大破秦军于东阿。田荣即引兵归，逐其王假。假亡走楚。假相田角亡走赵。角弟田间故齐将，居赵不敢归。田荣立田儋子市为齐王。项梁已破东阿下军，遂追秦军。数使使趣齐兵，欲与俱西。（丶）田荣曰："楚杀田假，赵杀田角、田间，乃发兵。"项梁曰："田假为与国之王，穷来从我，不忍（丶）杀之。"赵亦不杀田角、田间以市于齐。齐遂不肯发兵助楚。项梁使沛公及项羽别攻城阳，屠之。西（丶）狠。破秦军濮阳东，秦兵收入濮阳。沛公、项羽乃攻定陶。定陶未下，去，西略地至雝丘，大破秦军，斩李由。还攻外黄，外黄未下。

项梁起东阿，西，北至定陶，再破秦军，项羽等又斩李由，益轻秦，有骄色。宋义乃谏项梁曰：“战胜而将骄卒惰者败。今卒少惰矣，秦兵日益，臣为君畏之。”项梁弗听。乃使宋义使于齐。道遇齐使者高陵君显，曰：“公将见武信君乎？”曰：“然。”曰：“臣论武信君军必败。公徐行则免死，疾行则及祸。”秦果悉起兵益章邯，击楚军，大破之定陶，项梁死。（◎）沛公、项羽去外黄攻陈留，陈留坚守不能下。沛公、项羽相与谋曰：“今项梁军破，士卒恐。”乃与吕臣军俱引兵而东。吕臣军彭城东，项羽军彭城西，沛公军砀。章邯已破项梁军，则以为楚地兵不足忧，乃渡河击赵，大破之。当此时，赵歇为王，陈馀为将，张耳为相，皆走入巨鹿城。（○）章邯令王离、涉间围巨鹿，章邯军其南，筑甬道而输之粟。陈馀为将，将卒数万人而军巨鹿之北，此所谓河北之军也。（、）

楚兵已破于定陶，怀王恐，从盱台之彭城，并项羽、吕臣军自将之。以吕臣为司徒，以其父吕青为令尹。以沛公为砀郡长，封为武安侯，将砀郡兵。初，宋义所遇齐使者高陵君显在楚军，见楚王曰：“宋义论武信君之军必败，居数日，军果败。兵未战而先见败征，此可谓知兵矣。”王召宋义与计事而大说之，因置以为上将军，封项羽为鲁公，为次将，（丶）范增为末将，救赵。诸别将皆属宋义，号为卿子冠军。行至安阳，留四十六日不进。项羽曰："吾闻秦军围赵王巨鹿，疾引兵渡河，楚击其外，赵应其内，破秦军必矣。"宋义曰："不然。夫搏牛之虻不可以破虮虱。今秦攻赵，战胜则兵罢，我承其敝；不胜，则我引兵鼓行而西，必举秦矣。故不如先斗秦赵。夫被坚执锐，义不如公；坐而运策，公不如义。"因下令军中曰："猛如虎，狠如羊，贪如狼，（丶）强不可使者，皆斩之。"乃遣其子宋襄相齐，身送之至无盐，饮酒高会。天寒大雨，士卒冻饥。项羽曰："将戮力而攻秦，久留不行。今岁饥民贫，士卒食芋菽，军无见粮，乃饮酒高会，不引兵渡河因赵食，与赵并力攻秦，乃曰'承其敝'。夫以秦之强，攻新造之赵，其势必举赵。赵举而秦强，何敝之承！且国兵新破，王坐不安席，扫境内而专属于将军，国家安危，在此一举。今不恤士卒而徇其私，非社稷之臣。"（○）项羽晨朝上将军宋义，即其帐中斩宋义头，（丶）出令军中曰："宋义与齐谋反楚，楚王阴令羽诛之。"当是时，诸将皆慑服，莫敢枝梧。（丶）狠。皆曰："首立楚者，将军家也。今将军诛乱。"(、)乃相与共立羽为假上将军。( )使人追宋义子，及之齐，杀之。使桓楚报命于怀王。怀王因使项羽为上将军，( )当阳君、蒲将军皆属项羽。

项羽已杀卿子冠军，威震楚国，名闻诸侯。(〇)乃遣当阳君、蒲将军将卒二万渡河，救巨鹿。战少利，陈馀复请兵。项羽乃悉引兵渡河，皆沉船，破釜甑，烧庐舍，持三日粮，以示士卒必死，无一还心。于是至则围王离，与秦军遇，九战，绝其甬道，大破之，杀苏角，虏王离。涉间不降楚，自烧杀。当是时，楚兵冠诸侯。诸侯军救鉅鹿下者十余壁，莫敢纵兵。及楚击秦，诸侯皆从壁上观。(〇)楚战士无不一以当十，楚兵呼声动天，诸侯军无不人人惴恐。(〇)( )猛。于是已破秦军，项羽召见诸侯将，入辕门，无不膝行而前，(〇)莫敢仰视。项羽由是始为诸侯上将军，诸侯皆属焉。(〇)( )猛。

章邯军棘原，项羽军漳南，相持未战。秦军数却，二世使人让章邯。章邯恐，使长史欣请事。至咸阳，留司马门三日，赵高不见，有不信之心。长史欣恐，还走其军，不敢出故道，赵高果使人追之，不及。欣至军，报曰："赵高用事于中，下无可为者。今战能胜，高必疾妒吾功；战不能胜，不免于死。愿将军孰计之。"陈馀亦遗章邯书曰："白起为秦将，南征鄢郢，北坑马服，攻城略地，不可胜计，而竟赐死。蒙恬为秦将，北逐戎人，开榆中地数千里，竟斩阳周。何者？功多，秦不能尽封，因以法诛之。今将军为秦将三岁矣，所亡失以十万数，而诸侯并起滋益多。彼赵高素谀日久，今事急，亦恐二世诛之，故欲以法诛将军以塞责，使人更代将军以脱其祸。夫将军居外久，多内郤，有功亦诛，无功亦诛。且天之亡秦，无愚智皆知之。今将军内不能直谏，外为亡国将，孤特独立而欲常存，岂不哀哉！将军何不还兵与诸侯为从，约共攻秦，分王其地，南面称孤；此孰与身伏铁质，妻子为僇乎？"章邯狐疑，( )阴使侯始成使项羽，欲约。约未成，项羽使蒲将军日夜引兵度三户，军漳南，与秦战，再破之。项羽悉引兵击秦军汙水上，大破之。

章邯使人见项羽，欲约。项羽召军吏谋曰："粮少，欲听其约。"军吏皆曰："善。"项羽乃与期洹水南殷虚上。已盟，章邯见项羽而流涕，为言赵高。项羽乃立章邯为雍王，置楚军中。使长史欣为上将军，

将秦军为前行。(◎)

到新安。诸侯吏卒异时故徭使屯戍过秦中，秦中吏卒遇之多无状，及秦军降诸侯，诸侯吏卒乘胜多奴虏使之，轻折辱秦吏卒。秦吏卒多窃言曰："章将军等诈吾属降诸侯，今能入关破秦，大善；即不能，诸侯虏吾属而东，秦必尽诛吾父母妻子。"诸将微闻其计，以告项羽。项羽乃召黥布、蒲将军计曰："秦吏卒尚众，其心不服，至关中不听，事必危，不如击杀之，而独与章邯、长史欣、都尉翳入秦。"(◎)于是楚军夜击坑秦卒二十余万人新安城南。(〻)狠。

行略定秦地。函谷关有兵守关，不得入。(.)又闻沛公已破咸阳，项羽大怒，(〻)使当阳君等击关。项羽遂入，(.)至于戏西。沛公军霸上，未得与项羽相见。沛公左司马曹无伤使人言于项羽曰："沛公欲王关中，使子婴为相，珍宝尽有之。"项羽大怒，(〻)贪。曰："旦日飨士卒，为击破沛公军！"当是时，项羽(〻)兵四十万，(〻)在新丰鸿门，沛公兵十万，在霸上。(〻)范增说项羽曰："沛公居山东时，贪于财货，好美姬。今入关，财物无所取，妇女无所幸，此其志不在小。吾令人望其气，皆为龙虎，成五采，此天子气也。急击勿失。”

楚左尹项伯者，项羽季父也，（◎）素善留侯张良。张良是时从沛公，项伯乃夜驰之沛公军，私见张良，具告以事，欲呼张良与俱去。曰：“毋从俱死也。”张良曰：“臣为韩王送沛公，沛公今事有急，亡去不义，不可不语。”良乃入，具告沛公。沛公大惊，曰：“为之奈何？”张良曰：“谁为大王为此计者？”曰：“鲰生说我曰‘距关，毋内诸侯，秦地可尽王也’。故听之。”良曰：“料大王士卒足以当项王乎？”沛公默然，曰：“固不如也，且为之奈何？”张良曰：“请往谓项伯，言沛公不敢背项王也。”沛公曰：“君安与项伯有故？”张良曰：“秦时与臣游，项伯杀人，臣活之。今事有急，故幸来告良。”沛公曰“孰与君少长？”良曰：“长于臣。”沛公曰“君为我呼入，吾得兄事之。”张良出，要项伯。（、）项伯即入见沛公。（◎）沛公奉卮酒为寿，约为婚姻，曰：“吾入关，秋毫不敢有所近，籍吏民，封府库，而待将军。（◎）所以遣将守关者，备他盗之出入与非常也。日夜望将军至，岂敢反乎！愿伯具言臣之不敢倍德也。”项伯许诺。（◎）谓沛公曰：“旦日不可不蚤自来谢项王。”沛公曰：“诺。”

于是项伯复夜去，至军中，具以沛公言报项王。因言曰："沛公不先破关中，公岂敢入乎？今人有大功而击之，不义也，不如因善遇之。"项王许诺。

沛公旦日从百余骑来见项王，至鸿门，谢曰："臣与将军戮力而攻秦，将军战河北，臣战河南，然不自意能先入关破秦，得复见将军于此。今者有小人之言，令将军与臣有郤。"项王曰："此沛公左司马曹无伤言之；不然，籍何以至此。"项王即日因留沛公与饮。项王、项伯东向坐。亚父南向坐。亚父者，范增也。沛公北向坐，张良西向侍。（○）范增数目项王，举所佩玉玦以示之者三，项王默然不应。范增起，出召项庄，谓曰："君王为人不忍，（ ）若入前为寿，寿毕，请以剑舞，因击沛公于坐，杀之。不者，若属皆且为所虏。"庄则入为寿，寿毕，曰："君王与沛公饮，军中无以为乐，请以剑舞。"项王曰："诺。"项庄拔剑起舞，项伯亦拔剑起舞，常以身翼蔽沛公，庄不得击。（◎）于是张良至军门，见樊哙。樊哙曰："今日之事何如？"良曰："甚急。今者项庄拔剑舞，其意常在沛公也。"哙曰："此迫矣，臣请入，与之同命。"哙即带剑拥盾入军门。交戟之卫士欲止不内，樊哙侧其盾以撞，卫士仆地，哙遂入，披帷西向立，瞋目视项王，头发上指，目眦尽裂。项王按剑而跽曰："客何为者？"张良曰："沛公之参乘樊哙者也。"项王曰："壮士，赐之卮酒。"则与斗卮酒。哙拜谢，起，立而饮之。项王曰："赐之彘肩。"则与一生彘肩。樊哙覆其盾于地，加彘肩上，拔剑切而啖之。项王曰："壮士，能复饮乎？"樊哙曰："臣死且不避，卮酒安足辞！（〇）夫秦王有虎狼之心，杀人如不能举，刑人如恐不胜，天下皆叛之。怀王与诸将约曰'先破秦入咸阳者王之'。今沛公先破秦入咸阳，毫毛不敢有所近，封闭宫室，还军霸上，以待大王来。故遣将守关者，备他盗出入与非常也。劳苦而功高如此，未有封侯之赏，而听细说，欲诛有功之人。此亡秦之续耳，窃为大王不取也。"项王未有以应，曰："坐。"樊哙从良坐。坐须臾，沛公起如厕，因招樊哙出。

沛公已出，（〇）项王使都尉陈平召沛公。沛公曰："今者出，未辞也，为之奈何？"樊哙曰："大行不顾细谨，大礼不辞小让。如今人方为刀俎，我为鱼肉，何辞为。"于是遂去。（〇）乃令张良留谢。良问曰："大王来何操？"曰："我持白璧一双，欲献项王，玉斗一双，欲与亚父，会其怒，不敢献。公为我献之。”张良曰：“谨诺。”当是时，项王军在鸿门下，沛公军在霸上，相去四十里。（⁀）沛公则置车骑，脱身独骑，与樊哙、夏侯婴、靳强、纪信等四人持剑盾步走，从郦山下，道芷阳间行。沛公谓张良曰：“从此道至吾军，不过二十里耳。度我至军中，公乃入。”（、）沛公已去，间至军中，（〇）张良入谢，曰：“沛公不胜杯杓，不能辞。谨使臣良奉白璧一双，再拜献大王足下；玉斗一双，再拜奉大将军足下。”项王曰：“沛公安在？”良曰：“闻大王有意督过之，脱身独去，已至军矣。”（、）项王则受璧，置之坐上。（、）（⁀）贪。亚父受玉斗，置之地，拔剑撞而破之，曰：“唉！竖子不足与谋。夺项王天下者，必沛公也，吾属今为之虏矣。”（、）沛公至军，立诛杀曹无伤。

居数日，项羽引兵西屠咸阳，杀秦降王子婴，烧秦宫室，（⁀）火三月不灭；收其货宝妇女而东。（⁀）贪，人或说项王曰：“关中阻山河四塞，地肥饶，可都以霸。”项王见秦宫室皆以烧残破，又心怀思欲东归，（.）曰：“富贵（⁀）贪。不归故乡，如衣绣夜行，谁知之者！”说者曰：“人言楚人沐猴而冠耳，果然。”

项王闻之，烹说者。

项王使人致命怀王。怀王曰："如约。"乃尊怀王为义帝。项王欲自王，先王诸将相。（〻）谓曰："天下初发难时，假立诸侯后以伐秦。然身被坚执锐首事，暴露于野三年，灭秦定天下者，皆将相诸君与籍之力也。义帝虽无功，故当分其地而王之。"诸将皆曰："善。"乃分天下，立诸将为侯王。项王、范增疑沛公之有天下，业已讲解，又恶负约，恐诸侯叛之，乃阴谋曰：（.）"巴、蜀道险，秦之迁人皆居蜀。"乃曰：（.）"巴、蜀亦关中地也。"故（.）立沛公为汉王，王巴、蜀、汉中，都南郑。而三分关中，王秦降将以距塞汉王。项王乃立章邯为雍王，王咸阳以西，都废丘。长史欣者，故为栎阳狱掾，尝有德于项梁；都尉董翳者，本劝章邯降楚。故立司马欣为塞王，王咸阳以东至河，都栎阳；立董翳为翟王，王上郡，都高奴。（◎）徙魏王豹为西魏王，王河东，都平阳。瑕丘申阳者，张耳嬖臣也，先下河南郡，迎楚河上，故（.）立申阳为河南王，都雒阳。韩王成因故都，都阳翟。赵将司马卬定河内，数有功，故（.）立卬为殷王，王河内，都朝歌。徙赵王歇为代王。赵相张耳素贤，又从入关，故（.）立耳为常山王，王赵地，都襄国。当阳君黥布为楚将，常冠军，故（.）立布为九江王，都六。鄱君吴芮率百越佐诸侯，又从入关，故（.）立芮为衡山王，都邾。义帝柱国共敖将兵击南郡，功多，因（.）立敖为临江王，都江陵。徙燕王韩广为辽东王。燕将臧荼从楚救赵，因从入关，故立荼为燕王，都蓟。徙齐王田市为胶东王。齐将田都从共救赵，因从入关，故（.）立都为齐王，都临菑。故秦所灭齐王建孙田安，项羽方渡河救赵，田安下济北数城，引其兵降项羽，故（.）立安为济北王，都博阳。田荣者，数负项梁，又不肯将兵从楚击秦，以故（.）不封。成安君陈馀弃将印去，不从入关，然素闻其贤，有功于赵，闻其在南皮，故（.）因环封三县。番君将梅鋗功多，故（.）封十万户侯。项王自立为西楚霸王，王九郡，都彭城。（✎）

汉之元年四月，诸侯罢戏下，各就国。项王出之国，使人徙义帝，曰："古之帝者地方千里，必居上游。"乃（.）使使徙义帝长沙郴县。趣义帝行，其群臣稍稍背叛之，乃（.）阴令衡山、临江王击杀之江中。（◎）韩王成无军功，项王不使之国，与俱至彭城，废以为侯，已又杀之。臧荼之国，因逐韩广之辽东，广弗听，荼击杀广无终，并王其地。

田荣闻项羽徙齐王市胶东，而立齐将田都为齐王，乃大怒，不肯遣齐王之胶东，因以齐反，迎击田都。田都走楚。齐王市畏项王，乃亡之胶东就国。田荣怒，追击杀之即墨。荣因自立为齐王，而西击杀济北王田安，并王三齐。荣与彭越将军印，令反梁地。陈馀阴使张同、夏说说齐王田荣曰：“项羽为天下宰，不平。今尽王故王于丑地，而王其群臣诸将善地，逐其故主，赵王乃北居代，馀以为不可。闻大王起兵，且不听不义，愿大王资馀兵，请以击常山，以复赵王，请以国为扞蔽。”齐王许之，因遣兵之赵。陈馀悉发三县兵，与齐并力击常山，大破之。张耳走归汉。陈馀迎故赵王歇于代，反之赵。赵王因立陈馀为代王。

是时，汉还定三秦。项羽闻汉王皆已并关中，且东(↘)，齐、赵叛之，大怒。乃以故吴令郑昌为韩王，以距汉。令萧公角等击彭越。彭越败萧公角等。汉使张良徇韩，乃遗项王书曰：“汉王失职，欲得关中，如约即止(.)，不敢东(↘)。”又以齐、梁反书遗项王曰：“齐欲与赵并灭楚。”楚以此故无西(↘)

意，而北击齐。征兵九江王布。布称疾不往，使将将数千人行。项王由此怨布也（、）。汉之二年冬，项羽遂北至城阳，田荣亦将兵会战。田荣不胜，走至平原，平原民杀之。遂北烧夷齐城郭室屋，皆坑田荣降卒，系虏其老弱妇女(丶)狠。徇齐至北海，多所残灭(丶)。齐人相聚而叛之（.）。于是田荣弟田横收齐亡卒得数万人，反城阳。项王因留，连战未能下。

春，汉王部五诸侯兵，凡五十六万人，东（丶）伐楚。项王闻之，即令诸将击齐，而自以精兵三万人南从鲁出胡陵。四月，汉皆已入彭城，收其货宝美人，日置酒高会。项王乃西(丶)从萧，晨击汉军而东(丶)，至彭城，日中，大破汉军。汉军皆走，相随入穀、泗水，杀汉卒十余万人。汉卒皆南走山，楚又追击至灵壁东睢水上。汉军却，为楚所挤，多杀，汉卒十余万人皆入睢水，睢水为之不流。围汉王三匝。（丶）猛。于是大风从西北而起，折木发屋，扬沙石，窈冥昼晦，逢迎楚军。楚军大乱，坏散，而汉王乃得与数十骑遁去。欲过沛，收家室而西（丶）；楚亦使人追之沛，取汉王家；家皆亡，不与汉王相见。汉王道逢得孝惠、鲁元，乃载行。楚骑追汉王，汉王急，推堕孝惠、鲁元车下，滕公常下收载之。如是者三。曰：“虽急不可以驱，奈何弃之？”于是遂得脱。求太公、吕后不相遇。审食其从太公、吕后间行，求汉王，反遇楚军。楚军遂与归，报项王，项王常置军中。

是时吕后兄周吕侯为汉将兵居下邑，汉王间往从之，稍稍收其士卒。至荥阳，诸败军皆会，萧何亦发关中老弱未傅悉诣荥阳，复大振。楚起于彭城，常乘胜逐北，与汉战荥阳南京、索间，汉败楚，楚以故不能过荥阳而西（、）。

项王之救彭城，追汉王至荥阳，田横亦得收齐，立田荣子广为齐王。汉王之败彭城，诸侯皆复与楚而背汉。汉军荥阳，筑甬道属之河，以取敖仓粟（.）。汉之三年，项王数侵夺汉甬道，汉王食乏（.），恐，请和，割荥阳以西（、）为汉。

项王欲听之。历阳侯范增曰：“汉易与耳，今释弗取，后必悔之。”项王乃与范增急围荥阳。汉王患之，乃用陈平计（.）间项王。项王使者来，为太牢具，举欲进之。见使者，详惊愕曰：“吾以为亚父使者，乃反项王使者。”更持去，以恶食食项王使者。使者归报项王，项王乃疑范增与汉有私（.），稍夺之权。范增大怒，曰：“天下事大定矣，君王自为之。愿赐骸骨归卒伍。”项王许之。行未至彭城，疽发背而死。

汉将纪信说汉王曰：“事已急矣，请为王诳楚为王，王可以间出。”于是汉王夜出女子荥阳东门被甲二千人，楚兵四面击之。纪信乘黄屋车，傅左纛，曰：“城中<u>食尽</u>（.），汉王降。”<u>楚军皆呼万岁</u>（丶）。汉王亦与数十骑从城西门出，走成皋。项王见纪信，问：“汉王安在？”信曰：“汉王已出矣。”项王烧杀纪信。

汉王使御史大夫周苛、枞公、魏豹守荥阳。周苛、枞公谋曰：“反国之王，难与守城。”乃共杀魏豹。楚下荥阳城，生得周苛。项王谓周苛曰：“为我将，我以公为上将军，封三万户。”周苛骂曰：“若不趣降汉，汉今虏若，若非汉敌也。”项王怒，烹周苛，并杀枞公。

汉王之出荥阳，南走宛、叶，得九江王布，行收兵，复入保成皋。汉之四年，项王进兵围成皋。汉王逃，独与滕公出成皋北门，渡河走修武，从张耳、韩信军。诸将稍稍得出成皋，从汉王。楚遂拔成皋，欲<u>西</u>（丶）。汉使兵距之巩，令其不得<u>西</u>（丶）。

是时，彭越渡河击楚东阿，杀楚将军薛公。项王乃自东（﹨）击彭越。汉王得淮阴侯兵，欲渡河南。郑忠说汉王，乃止壁河内。使刘贾将兵佐彭越，烧楚积聚（.）。项王东（﹨）击破之，走彭越。汉王则引兵渡河，复取成皋，军广武，就敖仓食（.）。项王已定东海来，西（﹨），与汉俱临广武而军，相守数月。

当此时，彭越数反梁地（﹨），绝楚粮食（.），项王患之。为高俎，置太公其上，告汉王曰："今不急下，吾烹太公。"汉王曰："吾与项羽俱北面受命怀王，曰'约为兄弟'，吾翁即若翁，必欲烹而翁，则幸分我一杯羹。"项王怒，欲杀之。项伯曰（◎）："天下事未可知，且为天下者不顾家，虽杀之无益，祇益祸耳。"项王从之。

楚汉久相持未决，丁壮苦军旅，老弱罢转漕。项王谓汉王曰："天下匈匈数岁者，徒以吾两人耳，愿与汉王挑战决雌雄，毋徒苦天下之民父子为也。"汉王笑谢曰："吾宁斗智，不能斗力。"项王令壮士出挑战。汉有善骑射者楼烦，楚挑战三合，楼烦辄射杀之。项王大怒，（、）乃自被甲持戟挑战。楼烦欲射之，项王瞋目叱之，楼烦目不敢视，手不敢发，遂走还入壁，不敢复出( )(、)。汉王使人间问之，乃项王也。汉王大惊( )。于是项王乃即汉王相与临广武间而语。汉王数之，项王怒，欲一战。汉王不听，项王伏弩射中汉王。汉王伤，走入成皋。

项王闻淮阴侯已举河北，破齐、赵，且欲击楚，乃使龙且往击之。淮阴侯与战，骑将灌婴击之，大破楚军，杀龙且。韩信因自立为齐王。项王闻龙且军破，则恐，使盱台人武涉往说淮阴侯。淮阴侯弗听。是时，彭越复反，下梁地，绝楚粮(、)。项王乃谓海春侯大司马曹咎等曰："谨守成皋，则汉欲挑战，慎弗与战，毋令得东( )而已。我十五日必诛彭越，定梁地，复从将军。"乃东( )，行击陈留、外黄。

外黄不下。数日，已降，项王怒，悉令男子年十五已上诣城东，欲坑之( )狠。外黄令舍人儿年十三，往说项王曰："彭越强劫外黄，外黄恐，故且降，待大王。大王至，又皆坑之，百姓岂有归心？从此以东，梁地十余城皆恐，莫肯下矣。"项王然其言，乃赦外黄当坑者。东( )至睢阳，闻之皆争下项王。

汉果数挑楚军战，楚军不出。使人辱之，五六日，大司马怒，渡兵汜水。士卒半渡，汉击之，大破楚军，尽得楚国货赂。大司马咎、长史翳、塞王欣皆自刭汜水上。大司马咎者，故蕲狱掾，长史欣亦故栎阳狱吏，两人尝有德于项梁，是以项王信任之（◎）。当是时，项王在睢阳，闻海春侯军败，则引兵还。汉军方围鍾离眜于荥阳东，项王至，汉军畏楚，尽走险阻（丶）。

是时，汉兵盛食多（、），项王兵罢食绝（、）。汉遣陆贾说项王，请太公，项王弗听。汉王复使侯公往说项王，项王乃与汉约，中分天下，割鸿沟以西（丶）者为汉，鸿沟而东（丶）者为楚。项王许之，即归汉王父母妻子。军皆呼万岁。汉王乃封侯公为平国君。匿弗肯复见。曰："此天下辩士，所居倾国，故号为平国君。"（丶）项王已约，乃引兵解而东（丶）归。

汉欲西归，张良、陈平说曰："汉有天下大半，而诸侯皆附之。楚兵罢食尽，此天亡楚之时也，不如因其机而遂取之。今释弗击，此所谓'养虎自遗患'也。"汉王听之（、）。汉五年，汉王乃追项王至阳夏南，止军，与淮阴侯韩信、建成侯彭越期会而击楚军。至固陵，而信、越之兵不会。楚击汉军，大破之（丶）骄。汉王复入壁，深堑而自守。谓张子房曰："诸侯不从约，为之奈何？"对曰："楚兵且破，信、越未有分地，其不至固宜。君王能与共分天下，今可立致也。即不能，事未可知也。君王能自陈以东傅海，尽与韩信；睢阳以北至穀城，以与彭越：使各自为战，则楚易败也。”汉王曰（.）：“善（、）。”于是乃发使者告韩信、彭越曰：“并力击楚。楚破，自陈以东傅海与齐王，睢阳以北至穀城与彭相国。”使者至，韩信、彭越皆报曰：“请今进兵。”韩信乃从齐往，刘贾军从寿春并行，屠城父，至垓下。大司马周殷叛楚，以舒屠六，举九江兵，随刘贾、彭越皆会垓下，诣项王。

项王军壁垓下，兵少食尽（.），汉军及诸侯兵围之数重。夜闻汉军四面皆楚歌，项王乃大惊曰：“汉皆已得楚乎？是何楚人之多也！”项王则夜起，饮帐中。有美人名虞，常幸从；骏马名骓，常骑之。于是项王乃悲歌慷慨，自为诗曰：“力拔山兮气盖世，时不利兮骓不逝。骓不逝兮可奈何，虞兮虞兮奈若何！”歌数阕，美人和之。项王泣数行下，左右皆泣，莫能仰视。于是项王乃上马骑（○），麾下壮士骑从者八百余人（↘）（、），直夜溃围南出，驰走。平明，汉军乃觉之，令骑将灌婴以五千骑追之。项王渡淮，骑能属者（、）百余人耳（↘）（、）。项王至阴陵，迷失道，问一田父，田父绐曰“左”。左（、），乃陷大泽中。以故汉追及之。项王乃复引兵而（○）东（〲），至东城，乃有二十八骑（〲）（、）。汉骑追者数千人。项王自度不得脱。谓其骑曰：“吾起兵至今八岁矣，身七十余战，所当者破，所击者服，未尝败北，遂霸有天下。然今卒困于此，此天之亡我，非战之罪也。今日固决死，愿为君快战，必三胜之，为诸君溃围，斩将，刈旗，令诸君知天亡我，非战之罪也。”乃分其骑以为四队，四向。汉军围之数重。项王谓其骑曰：“吾为公取彼一将。”令四面骑驰下，期山东为三处（○）。于是项王大呼驰下，汉军皆披靡，遂斩汉一将。是时，赤泉侯为骑将，追项王，项王瞋目而叱之，赤泉侯人马俱惊，辟易数里（○）（〲）猛。与其骑会为三处。汉军不知项王所在，乃分军为三，复围之。项王乃驰（○），复斩汉一都尉，杀数十百人，（○）（〲）猛。复聚其骑（○），亡其两骑耳（○）（〲）。乃谓其骑曰：“何如？”骑皆伏曰：“如大王言。”

于是项王乃欲东（〲）渡乌江（○）。乌江亭长舣船待，谓项王曰：“江东虽小，地方千里，众数十万人，亦足王也。愿大王急渡。今独臣有船，汉军至，无以渡。”项王笑曰：“天之亡我，我何渡为（、）！且籍与江东子弟八千人渡江而西，今无一人还（◎）（、），纵江东父兄怜而王我，我何面目见之？纵彼不言，籍独不愧于心乎（、）？”乃谓亭长曰：“吾知公长者。吾骑此马五岁，所当无敌，尝一日行千里，不忍（ ）杀之，以赐公。”乃令骑皆下马步行，持短兵接战。独籍所杀汉军数百人（ ）猛。项王身亦被十余创。顾见汉骑司马吕马童，曰：“若非吾故人乎？”马童面之，指王翳曰：“此项王也（、）。”项王乃曰：“吾闻汉购我头千金，邑万户，吾为若德。”乃自刎而死。王翳取其头，余骑相蹂践争项王，相杀者数十人。最其后，郎中骑杨喜，骑司马吕马童，郎中吕胜、杨武各得其一体。五人共会其体，皆是。分其地为五：封吕马童为中水侯，封王翳为杜衍侯，封杨喜为赤泉侯，封杨武为吴防侯，封吕胜为涅阳侯（○）。

项王已死，楚地皆降汉，独鲁不下。汉乃引天下兵欲屠之，为其守礼义，为主死节（◎），乃持项王头视鲁，鲁父兄乃降。始，楚怀王初封项籍为鲁公，及其死，鲁最后下，故以鲁公礼葬项王穀城（ ）。汉王为发哀，泣之而去。

诸项氏枝属，汉王皆不诛。乃封项伯为射阳侯。桃侯、平皋侯、玄武侯皆项氏，赐姓刘氏（◎）。

太史公曰：吾闻之周生曰“舜目盖重瞳子”，又闻项羽亦重瞳子。羽岂其苗裔邪？何兴之暴也（○）！夫秦失其政，陈涉首难，豪杰蜂起，相与并争，不可胜数。然羽非有尺寸，乘势起陇亩之中，三年，遂将五诸侯灭秦，分裂天下，而封王侯，政由羽出，号为“霸王”，位虽不终，近古以来未尝有也（○）。及羽背关怀楚，放逐义帝而自立，怨王侯叛己，难矣（○）。自矜功伐，奋其私智而不师古，谓霸王之业，欲以力征经营天下，五年卒亡其国，身死东城，尚不觉寤而不自责，过矣。乃引“天亡我，非用兵之罪也”，岂不谬哉（○）！

后 序

或有问于余曰：龙门之史，子前止录《项羽本纪》一篇，今又于世家、列传中取其六，岂此外皆有所不足欤？何其隘也！余曰：不然。此七篇者皆世人误读而不识史公之所用心，余故特为著之；若他篇之佳，则先儒论之详矣，余又何庸喋喋为！且余惧龙门之识议卓绝埋没于班孟坚之一言，而世儒眼孔小，专一剿说雷同，不能深思而心知其意，遂使前贤受诬，千载而无以自明。故举一以例其余也。或又曰：子之尊信史公固已。然所为读法者，例取之金圣叹氏，以其说稗官野乘者，而以读正史毋乃猥甚，将所为尊信者何如欤？余曰：千古细心善读书人固未有如金氏者也，且世儒为前说所锢蔽已久，非详为说之，不能破其愚而解其惑，故特用其例。然宋朱子于四子书皆标读法于其前（见《大全》中），是其例实不始于金氏也。余师方望溪先生曾约取《左传》数首，而特著其义法，有非世儒之所知而语特简妙。余说虽繁，而意在醒世之聩聩者，使能会此意而推之，则无书不可读，而岂惟《史记》？然则前贤方甚乐乎后人之能知，而又岂以其说稗官野乘者为嫌也哉？

乾隆十九年清和月七十四老人王又朴再识

史记七篇读法 卷二

《外戚世家》读法

此篇文字，人皆以为史公言命，如卫、霍、李将军列传之类。夫既言命矣，而何以又曰难言，且必通乎幽明之变者而后谓其能识性命也？不知此非史公之言命，正史公之言道。盖一阴一阳之谓道也，道始于夫妇。有夫妇而后有父子，有父子而后有君臣，有君臣而后有上下，有上下而后礼义有所错，故曰“阴阳之变，万物之统。”帝王无论创业守文，于妃匹之际皆不可不慎焉。何以慎之？则必王侯有士，其女而有士行者，始可以配人主而得外戚之助，而岂其惟色之是徇乎！如以色而已，则必至于贱妨贵，下陵上，卑逾尊，且夺人妇之已有子者而为配，甚至于以倡见，此遵何道哉！然而人皆曰“有命有命”，似乎冥冥之中嘿为主持，而人主有不得不然焉者。不知人能弘道者也，命也，有性焉，君子不谓命也。此史公之微旨，而自班固以来竟未有能知之者。

自班固讥迁为不知道而后儒遂附而和之，乃若此篇则实孟子言性命之精理也。第孟子所言五者，夫妇不在内，然而礼之宾主即概夫妇。盖未亲迎前，女固宾也；及于归后，而男正位乎外，女正位乎内。主频繁，主中馈，言主则有宾矣。故曰夫妇有别而姤之。女遇男，其二爻曰“不利宾”。初六之阴，固以九四之阳为宾也，其曰阴阳之变。变者，交也。幽明，即阴阳也。通乎阴阳之交，则知夫妇之际为人道之大伦，而必求助其德，敢以无道行之哉！如是而谓之不知道，则所谓道者何如也欤？

此篇前后，正论也。其五段中，或直言命，或将“命”字隐跃舒写，皆非正旨。

叙薄后段末，及代王迎立为文帝，忽叠笔赞叹曰：“此岂非天邪？非天命孰能当之？”此盖言代王之入为天子，此真天命所归，非此则不得援命为解也。故曰“孰能当之？”然则妃匹之选，主张自在帝王矣。

首言受命帝王。及继体守文之君，皆得外戚之助。并叙夏、殷、周三代之典亡皆由之，以见汉之不然。则汉虽治，犹之乱矣，此史公之所慨焉者也！

“人能弘道，无如命何。”转接得毫无痕迹，是真精于言理者，是真圣于为文者。

首段文字，极舒纵跌顿之奇；末止三笔，直截明快；中间叙述，则略见姿态耳。

叙窦少君，较诸吕、田蚡、卫、霍独详者，以诸吕已详吕后纪中，而田蚡、卫、霍则自有传也。

外戚世家

自古受命帝王及继体守文之君，非独内德茂也，盖亦有外戚之助焉（○）。夏之兴也以涂山，而桀之放也以末喜。殷之兴也以有娀，纣之杀也嬖妲己。周之兴也以姜原及大任，而幽王之禽也淫于褒姒。故《易》基乾坤，《诗》始《关雎》，《书》美釐降，《春秋》讥不亲迎。夫妇之际，人道之大伦也。礼之用，唯婚姻为兢兢。夫乐调而四时和（○），阴阳之变，万物之统也。可不慎与？人能弘道（◎），无如命何（○）。甚哉，妃匹之爱，君不能得之于臣，父不能得之于子，况卑下乎！既欢合矣，或不能成子姓；能成子姓矣，或不能要其终：岂非命也哉？孔子罕称命，（○）盖难言之也。非通幽明之变，恶能识乎性命哉（◎）？

太史公曰：秦以前尚略矣，其详靡得而记焉。汉兴，吕娥姁为高祖正后，男为太子。及晚节，色衰爱弛，而戚夫人有宠，其子如意几代太子者数矣。及高祖崩，吕氏夷戚氏，诛赵王，"而高祖後宫唯独无宠疏远者得无恙"（、）。

吕后长女为宣平侯张敖妻，敖女为孝惠皇后。吕太后以重亲故，欲其生子，万方终无子（、），诈取後宫人子为子。及孝惠帝崩，天下初定未久，继嗣不明。于是贵外家，王诸吕以为辅，而以吕禄女为少帝后，欲连固根本牢甚，然无益也（、）。

高后崩，合葬长陵。禄产等惧诛，谋作乱。大臣征之，天诱其统，卒灭吕氏。唯独置孝惠皇后居北宫。迎立代王，是为孝文帝，奉汉宗庙。此岂非天邪？非天命孰能当之？（◎）

薄太后，父吴人，姓薄氏，秦时与故魏王宗家女魏媪通，生薄姬，而薄父死山阴，因葬焉。

及诸侯畔秦，魏豹立为魏王，而魏媪内其女于魏宫。媪之许负所相，相薄姬，云当生天子。是时项羽方与汉王相距荥阳，天下未有所定。豹初与汉击楚，及闻许负言，心独喜，因背汉而畔，中立，更与楚连和。汉使曹参等击虏魏王豹，以其国为郡，而薄姬输织室。豹已死，汉王入织室，见薄姬有色，诏内後宫，岁余不得幸。始姬少时与管夫人、赵子儿相爱，约曰：

“先贵无相忘。”已而管夫人、赵子儿先幸汉王。汉王坐河南宫成皋台，此两美人相与笑薄姬初时约。汉王闻之，问其故，两人具以实告汉王。汉王心惨然，怜薄姬，是日召而幸之。薄姬曰：“昨暮夜妾梦苍龙据吾腹。”高帝曰：“此贵征也，吾为女遂成之。”一幸生男，是为代王。其后薄姬希见高祖。

高祖崩，诸御幸姬戚夫人之属，吕太后怒，皆幽之，不得出宫。而薄姬以希见故，得出，从子之代，为代王太后（、）。太后弟薄昭从如代。

代王立十七年，高后崩。大臣议立后，疾外家吕氏强，皆称薄氏仁善，故迎代王，立为孝文皇帝，而太后改号曰皇太后，弟薄昭封为轵侯。

薄太后母亦前死，葬栎阳北。于是乃追尊薄父为灵文侯，会稽郡置园邑三百家，长丞已下吏奉守冢，寝庙上食祠如法。而栎阳北亦置灵文侯夫人园，如灵文侯园仪。薄太后以为母家魏王後，早失父母，其奉薄太后诸魏有力者，于是召复魏氏，及尊赏赐，各以亲疏受之。薄氏侯者凡一人。

薄太后後文帝二年，以孝景帝前二年崩，葬南陵。以吕后会葬长陵，故特自起陵，近孝文皇帝霸陵。

窦太后，赵之清河观津人也。吕太后时，窦姬以良家子入宫侍太后。太后出宫人以赐诸王，各五人，窦姬与在行中。窦姬家在清河，欲如赵近家，请其主遣宦者吏："必置我籍赵之伍中。"宦者忘之，误置其籍代伍中（）。籍奏，诏可，当行。窦姬涕泣，怨其宦者，不欲往，相强，乃肯行。至代，代王独幸窦姬，生女嫖，後生两男。而代王王后生四男。先代王未入立为帝而王后卒。及代王立为帝，而王后所生四男更病死（）。孝文帝立数月，公卿请立太子，而窦姬长男最长，立为太子。立窦姬为皇后，女嫖为长公主。其明年，立少子武为代王，已而又徙梁，是为梁孝王。

窦皇后亲早卒，葬观津。于是薄太后乃诏有司追尊窦后父为安成侯，母曰安成夫人。令清河置园邑二百家，长丞奉守，比灵文园法。

窦皇后兄窦长君，弟曰窦广国，字少君。少君年四五岁时，家贫，为人所略卖，其家不知其处。传十余家，至宜阳，为其主入山作炭，寒卧岸下百余人，岸崩，尽压杀卧者，少君独得脱，不死。自卜数日当为侯（），从其家之长安。闻窦皇后新立，家在观津，姓窦氏。广国去时虽小，识其县名及姓，又常与其姊采桑堕，用为符信，上书自陈。窦皇后言之于文帝，召见，问之，具言其故，果是。又复问他何以为验？对曰："姊去我西时，与我决于传舍中，丐沐沐我，请食饭我，乃去。"于是窦后持之而泣，泣涕交横下。侍御左右皆伏地泣，助皇后悲哀。乃厚赐田宅金钱，封公昆弟，家于长安。

绛侯灌将军等曰："吾属不死，命乃且县此两人。两人所出微，不可不为择师傅宾客，又复效吕氏大事也。"于是乃选长者士之有节行者与居。窦长君、少君由此为退让君子，不敢以尊贵骄人。

窦皇后病，失明。文帝幸邯郸慎夫人、尹姬，皆毋子。孝文帝崩，孝景帝立，乃封广国为章武侯。长君前死，封其子彭祖为南皮侯。吴楚反时，窦太后从昆弟子窦婴，任侠自喜，将兵，以军功为魏其侯。窦氏凡三人为侯。

窦太后好黄帝、老子言，帝及太子诸窦不得不读黄帝、老子，尊其术。

窦太后後孝景帝六岁，建元六年崩，合葬霸陵。遗诏尽以东宫金钱财物赐长公主嫖。

王太后，槐里人，母曰臧儿。臧儿者，故燕王臧荼孙也。臧儿嫁为槐里王仲妻，生男曰信，与两女。而仲死，臧儿更嫁长陵田氏，生男蚡、胜。臧儿长女嫁为金王孙妇，生一女矣，而臧儿卜筮之，曰两女皆当贵。因欲奇两女，乃夺金氏。金氏怒，不肯予决，乃内之太子宫。太子幸爱之，生三女一男。男方在身时，王美人梦日入其怀。以告太子，太子曰：“此贵征也。”未生而孝文帝崩，孝景帝即位，王夫人生男。

先是臧儿又入其少女兒姁，兒姁生四男。

景帝为太子时，薄太后以薄氏女为妃。及景帝立，立妃曰薄皇后。皇后毋子，毋宠。薄太后崩，废薄皇后。

景帝长男荣，其母栗姬。栗姬，齐人也。立荣为太子。长公主嫖有女，欲予为妃。栗姬妒，而景帝诸美人皆因长公主见景帝，得贵幸，皆过栗姬，栗姬日怨怒，谢长公主，不许(丶)。长公主欲予王夫人(丶)，王夫人许之(丶)。长公主怒，而日谗栗姬短于景帝曰：“栗姬与诸贵夫人幸姬会，常使侍者祝唾其背，挟邪媚道。”景帝以故望之。

景帝尝体不安，心不乐，属诸子为王者于栗姬曰：“百岁后，善视之。”栗姬怒不肯应，言不逊。景帝恚，心嗛之而未发也。

长公主日誉王夫人男之美，景帝亦贤之，又有曩者所梦日符，计未有所定。王夫人知帝望栗姬，因怒未解，阴使人趣大臣立栗姬为皇后。大行奏事毕，曰：“‘子以母贵，母以子贵’，今太子母无号，宜立为皇后。”景帝怒曰：“是而所宜言邪！”遂案诛大行，而废太子为临江王。栗姬愈恚恨，不得见，以忧死。卒立王夫人为皇后，其男为太子，封皇后兄信为盖侯。

景帝崩，太子袭号为皇帝。尊皇太后母臧儿兒为平原君。封田蚡为武安侯，胜为周阳侯。

景帝十三男，一男为帝，十二男皆为王。而兒姁早卒，其四子皆为王。王太后长女号曰平阳公主，次为南宫公主，次为林虑公主。

盖侯信好酒。田蚡、胜贪，巧于文辞。王仲早死，葬槐里，追尊为共侯，置园邑二百家。及平原君卒，从田氏葬长陵，置园比共侯园。而王太后後孝景帝十六岁，以元朔四年崩，合葬阳陵。王太后家凡三人为侯。

卫皇后字子夫，生微矣。盖其家号曰卫氏，出平阳侯邑。子夫为平阳主讴者。武帝初即位，数岁无子。平阳主求诸良家子女十余人，饰置家。武帝祓霸上还，因过平阳主。主见所侍美人，上弗说。既饮，讴者进，上望见，独说卫子夫。是日武帝起更衣，子夫侍尚衣轩中，得幸。上还坐，欢甚。赐平阳主金千斤。主因奏子夫奉送入宫。子夫上车，平阳主拊其背曰："行矣，强饭，勉之！即贵，无相忘。"入宫岁余，竟不复幸。武帝择宫人不中用者斥出归之。卫子夫得见，涕泣请出。上怜之，复幸，遂有身，尊宠日隆。召其兄卫长君、弟青为侍中。而子夫後大幸，有宠，凡生三女一男。男名据。

初，上为太子时，娶长公主女为妃。立为帝，妃立为皇后，姓陈氏，无子。上之得为嗣，大长公主有力焉，以故陈皇后骄贵。闻卫子夫大幸，恚，几死者数矣。上愈怒。陈皇后挟妇人媚道，其事颇觉，于是废陈皇后，而立卫子夫为皇后。陈皇后母大长公主，景帝姊也，数让武帝姊平阳公主曰："帝非我不得立，已而弃捐吾女，壹何不自喜而倍本乎！"平阳公主曰："用无子故废耳。"陈皇后求子，与医钱凡九千万，然竟无子(↘)。卫子夫已立为皇后，先是卫长君死，乃以卫青为将军，击胡有功，封为长平侯。青三子在襁褓中，皆封为列侯。及卫皇后所谓姊卫少兒，少兒生子霍去病，以军功封冠军侯，号骠骑将军。青号大将军。立卫皇后子据为太子。卫氏枝属以军功起家，五人为侯。

及卫后色衰，赵之王夫人幸，有子，为齐王。王夫人早卒。而中山李夫人有宠，有男一人，为昌邑王。李夫人早卒，其兄李延年以音幸，号协律。协律者，故倡也。兄弟皆坐奸，族。是时其长兄广利为贰师将军，伐大宛，不及诛，还，而上既夷李氏，後怜其家，乃封为海西侯。他姬子二人为燕王、广陵王。其母无宠，以忧死。及李夫人卒，则有尹婕好之属，更有宠。然皆以倡见，非王侯有土之士女，不可以配人主也（◎）。

《萧相国世家》读法

此篇分六段读。首至“何固请得毋行”，为第一段；收秦图籍，为第二段；进言韩信，合下论功人、狗，为第三段；守关中转漕补卒，合下鄂君之论功并鲍生召平、客说王卫尉之辨、请上林苑事，共为第四段；举曹参，为第五段；买田，为第六段。

第一段写何之识；第二、三、四段写何之功；第五、六段写何之德。

写何识处，一则曰护高祖，再则曰左右之，三则曰奉钱独以五：是于尘埃中已认定一高祖。此何等具眼！至御史入言征何，何不行，是于秦盛时已知其不能久，不肯轻出以就功名。此何等卓见！

写何功三段，惟收秦图籍功易明，故下随手注出。至进言淮阴为将，尤关汉得天下之大机括，应极与铺张矣。但淮阴以反诛，此又在所讳言者，然又不得不为之一写，看他止用一二语标过，后直于论功行封时在高祖口中若隐若跃点出。盖功狗、功人之论，何未尝身在行间运策驱众，何以云“发踪指示”，有何故

“群臣皆莫敢言”，非荐信一事而谁耶？用笔曲而著如此，然读者皆不能知也。

何守关中之功，鄂君已为之表出。至召平之说，则以淮阴新反事；王卫尉之说，则以为民请上林苑事。宜与守关中不相蒙，乃合为一段者。客不云乎“畏君倾动关中”？王卫尉不云乎“陈豨、黥布反，是时相国守关中。摇足，则关以西非陛下有也”？夫窦融以河西归光武，光武尚班于诸功臣上，况何之所处为至难而其绩为至伟乎？其不宁惟是，一淮阴之事，何始也如彼，其终也若此，古今人无不以此致憾于何也者，然而何实有所万不得已焉者矣。篇中写其从鲍生计而“王大说”，又写其从召平计而“帝大喜”，又写其从客计而“上大说”，又写其请上林而“上大怒”，是何之功固大而所以居之者，亦甚有所至难至难者矣。且何惟深知信，故举之，则信德何也，亦必深。信之能，帝之所畏恶也。而何又专擅关中久，两人深相结，则帝之根本覆矣。此帝自将击豨时所寤寐不能自宁者也。虽淮阴已诛，而犹疑何，则其并存关中也，又当何如？且何与信一体，何不于守关中时为利，而信乃反于天下既定之后乎？故凡写何之疑惧自危，正所以明其顺吕诛信不得已之苦心。凡写其守关中以待帝，正借以见信之不反，此则史公之微指，妙在语言之外者也。茅鹿门曰：通篇直叙。叙何所以佐高祖定天下大略处，特简；叙高祖所以论功行赏与何所以委屈处，特详。非后世之史可及，前辈读书眼光之大，其知之矣。

第五段写何举素不相能之曹参以自代。此其虚公为何如，然不相能如参尚举之，岂相知之深如信，反诛之乎？正与举信、诛信相映照。

第六段写何之俭德，亦与上贱买田宅处反照。夫何之贤如是，其视诸葛公之澹泊宁静亦何以异？然则何之得帝心，实有大本原在，不徒听计士之言，而为自固之术也已。举信为大将之功，在后高帝论功时写出，中间夹叙何守关中事，并及鲍生之说。何守关中之功，于鄂君论功时正写，而先叙一鲍生，后又叙一召平，与客与王卫尉反覆抒写之，行文最变化。

召平段夹入种瓜事。虽间情冷趣，然与淮阴之诛、何之危正映照。盖何此时求如东陵之种瓜而恐不能者也。

望溪师曰："文中止举收图籍、举淮阴、守关中、荐曹参数事，而何之相业已夐绝千古，其余则皆不足论耳！此史公见大处。”

看他一篇写何之高识丰功巍巍卓卓，而独结之以俭德。《赞》内言其碌碌未有奇节，依光谨守，因民更始，正形容其俭德也。孔子曰：“以约失之者鲜。”故于信曰“假令学道谦让，不伐不矜，庶几哉于汉家勋”云云。而于此亦曰“淮阴、黥布等皆以诛灭，而何之勋烂焉”，谁谓史公不知道哉！

萧相国世家

萧相国何者，沛丰人也。以文无害为沛主吏掾。

高祖为布衣时，何数以吏事护高祖（.）。高祖为亭长，常左右（.）之。高祖以吏繇咸阳，吏皆送奉钱三，何独以（.）五。

秦御史监郡者与从事，常辨之。何乃给泗水卒史事，第一。秦御史欲入言征何（.），何固（.）请，得毋（.）行。

及高祖起为沛公（.），何常为丞督事（.）。沛公至咸阳，诸将皆争走金帛财物之府分之，何独先入收秦丞相御史律令图书藏之（.）。沛公为汉王，以何为丞相。项王与诸侯屠烧咸阳而去。汉王所以具知天下厄塞，户口多少，强弱之处，民所疾苦者，以何具得秦图书也（○）。何进言韩信（.），汉王以信为大将军（.）。语在《淮阴侯》事中。

汉王引兵东定三秦，何以丞相留，收巴蜀，填抚谕告，使给军食（.）。汉二年，汉王与诸侯击楚，何守关中（◎），侍太子治栎阳。为法令约束，立宗庙社稷宫室县邑，辄奏上，可，许以从事；即不及奏上，辄以便宜施行，上来以闻（◎）此下鲍生、召平、客王、卫尉等说章本。关中事计户口转漕给军，汉王数失军遁去，何常兴关中卒，辄补缺（.）。上以此专属任何关中事（◎）。

汉三年，汉王与项羽相距京索之间，上数使使劳苦丞相。鲍生谓丞相曰（丶）："王暴衣露盖，数使使劳苦君者，有疑君心也。为君计，莫若遣君子孙昆弟能胜兵者悉诣军所（.），上必益信君。"于是何从其计，汉王大说（◎）。

汉五年，既杀项羽，定天下，论功行封。群臣争功，岁余，功不决。高祖以萧何功最盛，封为酂侯，所食邑多。功臣皆曰："臣等身被坚执锐，多者百余战，少者数十合，攻城略地，大小各有差。今萧何未尝有汗马之劳，徒持文墨议论，不战，顾反居臣等上，何也？"高帝曰："诸君知猎乎？"曰："知之。""知猎狗乎？"曰："知之。"高帝曰："夫猎，追杀兽兔者，狗也，而发踪指示兽处者，人也。今诸君徒能得走兽耳，功狗也。至如萧何，发踪指示，功人也（丶）此应举信为大将。且诸君独以身随我，多者两三人；

今萧何举宗数十人皆随我，（. ）此应鲍生之说。功不可忘也。”群臣皆莫敢言（〽）。

列侯毕已受封，及奏位次，皆曰：“平阳侯曹参身被七十创，攻城略地，功最多，宜第一。”上已桡功臣，多封萧何，至位次未有以复难之，（、）然心欲何第一（〽）此与下赏鄂君功，皆指何举韩信之事，最是史公用意处。关内侯鄂君进曰：“群臣议皆误。夫曹参虽有野战略地之功，此特一时之事。夫上与楚相距五岁，常失军亡众，逃身遁者数矣。然萧何常从关中遣军补其处（·）此应补卒，非上所诏令召，而数万众会上之乏绝者数矣。夫汉与楚相守荥阳数年，军无见粮，萧何转漕关中，给食不乏（. ）此应给军食。陛下虽数亡山东，萧何常全关中以待陛下（◎）此前后眼目。此万世之功也。今虽亡曹参等百数，何缺于汉？汉得之，不必待以全。奈何欲以一旦之功而加万世之功哉！萧何第一，曹参次之。”高祖曰：“善。”于是乃令萧何第一，赐带剑履上殿，入朝不趋。

上曰：“吾闻进贤受上赏。萧何功虽高，得鄂君乃益明。”于是因鄂君故所食关内侯邑封为安平侯（〽）分明萧何是韩信影子，鄂君是萧何影子，详此正与举信遥映。是日，悉封何父子兄弟十余人，皆有食邑（.）应“举宗随我”。乃益封何二千户，以帝尝徭咸阳时何送我独赢奉钱二也。

汉十一年，陈豨反，高祖自将，至邯郸。未罢，淮阴侯谋反关中（◎），吕后用萧何计，诛淮阴侯，语在淮阴事中。上已闻淮阴侯诛，使使拜丞相何为相国，益封五千户，令卒五百人一都尉为相国卫。诸君皆贺，召平独吊（丶）。召平者，故秦东陵侯。秦破，为布衣，贫，种瓜于长安城东，瓜美，故世俗谓之“东陵瓜”，从召平以为名也（、）闲趣。召平谓相国曰（丶）：“祸自此始矣。上暴露于外而君守于中，非被矢石之事而益君封置卫者，以今者淮阴侯新反于中，疑君心矣。夫置卫卫君，非以宠君也。愿君让封勿受，悉以家私财佐军，则上心说。”相国从其计，高帝乃大喜（◎）。

汉十二年秋（、），黥布反，上自将击之，数使使问相国何为。相国为上在军，乃拊循勉力百姓，悉以所有佐军，如陈豨时。客有说相国曰（丶）：“君灭族不久矣。夫君位为相国，功第一，可复加哉？然君初入关中，得百姓心，十余年矣（◎），皆附君，常复孳孳得民和。上所为数问君者，畏君倾动关中（◎）。

今君胡不多买田地，贱贳贷以自污？上心乃安。”于是相国从其计，上乃大说（◎）看他三次写大喜大说，皆听人言而然。至下乃自以己意请上林地，即致上大怒，可见何之朴诚并无心计，真纯臣也。

上罢布军归，民道遮行上书，言相国贱强买民田宅数千万。上至，相国谒。上笑曰（ ）：“夫相国乃利民！”民所上书，皆以与相国，曰：“君自谢民。”相国因为民请曰（ ）：“长安地狭，上林中多空地弃，愿令民得入田，毋收稿为禽兽食。”上大怒曰（ ）：“相国多受贾人财物，乃为请吾苑！”乃下相国廷尉，械系之。数日，王卫尉侍，前问曰：“相国何大罪，陛下系之暴也？”上曰：“吾闻李斯相秦皇帝，有善归主，有恶自与。今相国多受贾竖金而为民请吾苑，以自媚于民，故系治之。”王卫尉曰：“夫职事苟有便于民而请之，真宰相事，陛下奈何乃疑相国受贾人钱乎！且陛下距楚数岁，陈豨、黥布反，陛下自将而往，当是时（○）一篇疑忌文字，于此处辨明。相国守关中，摇足则关以西非陛下有也（◎）。相国不以此时为利，今乃利贾人之金乎？且秦以不闻其过亡天下，李斯之分过，又何足法哉。陛下何疑宰相之浅也（○）。”高帝不怿（〰）以“不怿”二字应上“大喜”、“大说”、“大怒”等字。是日使使持节赦出相国。相国年老，素恭谨，入，徒跣谢。高帝曰：“相国休矣！相国为民请苑，吾不许，我不过为桀纣主始终忌语。而相国为贤相。吾故系相国，欲令百姓闻吾过也。”

何素不与曹参相能（.），及何病，孝惠自临视相国病，因问曰：“君即百岁后，谁可代君者？”对曰：“知臣莫如主。”孝惠曰：“曹参何如？”何顿首曰：“帝得之矣！臣死不恨矣！（.）”

何置田宅，必居穷处，为家不治垣屋（〰）。曰：“后世贤，师吾俭；不贤，毋为势家所夺。”

孝惠二年，相国何卒，谥为文终侯。

后嗣以罪失侯者四世，绝，天子辄复求何后，封续酂侯，功臣莫得比焉（◎）暗照淮阴。

太史公曰：萧相国何于秦时为刀笔吏，录录未有奇节。及汉兴，依日月之末光，何谨守管籥，因民之疾秦法，顺流与之更始。淮阴、黥布等皆以诛灭，而何之勋烂焉（◎）此史公用意处。位冠群臣，声施后世，与闳夭、散宜生等争烈矣。

《曹相国世家》读法

昔余在都初见望溪先生时，先生为言萧、曹二世家史公笔法。今萧相论已见文集，余亦推其意而广之。其说《曹相国世家》云："曹与萧不相能，且武夫也。世人好争，尤莫如武夫。而前后相代之际，务求人短以显己长，贤者不免，况武夫乎！今曹公为相，一遵萧法，且所遵者为其所素不相嗛之人，非大有学问者不能，而乃得之于一武夫，此真有大过人者矣。故通篇皆叙其攻城略地之功，而末结以继何为相一事。史公之义法盖如此。"

此篇正与《淮阴列传》参看，其叙曹战功，挨次递写去，然止是一骑将身份，与淮阴传中大将方略全无一似。然彼则诛夷，此则独擅其功，何哉？盖学道谦让，有能有不能异也。中间叙为齐相，舍盖公一段，正言其学道；末段继何为相，一无变更：正其学道之实际，与淮阴之自矜其能者大相悬殊矣。此通篇主意，而特于赞中点明之。

何之举参，固异；乃参又能预知其必举己，更异；

而出于两不相能之人，此则异之中而尤异者也。读趣治行一段，则二公光明磊落、公而无私之怀为何如也欤？此又何必再写别事，以为公重哉？此史公之所以洁也。

以狱市为寄，正推贤让能人忠厚宽博处。夫奸人尚容之，又岂不能容一有隙之贤相哉？此皆写出曹公识量大处，盖相臣无他技，惟一休休有容而已矣。

末段写遵何约束处，屡写饮酒，并及游园取酒张饮，与吏舍歌呼相应，可谓淋漓尽致矣。然止为曹公之专匿人过而设，然则曹公之无所变更者，岂真何之法令一无或过也哉？写曹之识量，真为古今人之所不可及也！

曹相国世家

平阳侯曹参者，沛人也。秦时为沛狱掾，而萧何为主吏，居县为豪吏矣。参与何相终始，故首尾诵之。

高祖为沛公而初起也，参以中涓从。将击胡陵、方与，攻秦监公军，大破之。东下薛，击泗水守军薛郭西。复攻胡陵，取之。徙守方与。方与反为魏，击之。丰反为魏，攻之。赐爵七大夫。击秦司马尸军砀东，破之，取砀、狐父、祁善置。又攻下邑以西，至虞，击章邯车骑。攻爰戚及亢父，先登。迁为五大夫。北救东阿，击章邯军，陷陈，追至濮阳。攻定陶，取临济。南救雍丘，击李由军，破之，杀李由，虏秦候一人。秦将章邯破杀项梁也(、)，沛公与项羽引而东。楚怀王以沛公为砀郡长，将砀郡兵。于是乃封参为执帛，号曰“建成君”。迁为戚公，属砀郡。

其后从攻东郡尉军，破之成武南。击王离军成阳南，复攻之杠里，大破之。追北，西至开封，击赵贲军，破之，围赵贲开封城中。西击秦将杨熊军于曲遇，破之，虏秦司马及御史各一人。迁为执珪。从攻阳武，下轘辕、缑氏，绝河津，还击赵贲军尸北，破之。从南攻犨，与南阳守𮗎战阳城郭东，陷陈，取宛，虏𮗎，尽定南阳郡。从西攻武关、峣关，取之。前攻秦军蓝田南，又夜击其北，秦军大破，遂至咸阳，灭秦。

项羽至，以沛公为汉王。汉王封参为建成侯。从至汉中，迁为将军。从还定三秦，初攻下辩、故道、雍、斄。击章平军于好畤南，破之，围好畤，取壤乡。击三秦军壤东及高栎，破之。复围章平，章平出好畤走。因击赵贲、内史保军，破之。东取咸阳，更命曰新城。参将兵守景陵二十日，三秦使章平等攻参，参出击，大破之。赐食邑于宁秦。参以将军（丶）引兵围章邯于废丘。以中尉（丶）从汉王出临晋关。至河内，下修武，渡围津，东击龙且、项他定陶，破之（、）。东取砀、萧、彭城。击项籍军，汉军大败走。参以中尉（丶）围取雍丘。王武反于黄，程处反于燕，往击，尽破之。柱天侯反于衍氏，又进破取衍氏。击羽婴于昆阳，追至叶。还攻武强，因至荥阳。参自汉中为将军中尉，从击诸侯及项羽，败，还至荥阳，凡二岁（〇）一小结束，记岁。

高祖二年，拜为假左丞相，入屯兵关中。月余，魏王豹反，以假左丞相（㇃）别与韩信（㇃）东攻魏将军孙遬军东张，大破之。因攻安邑，得魏将王襄。击魏王于曲阳，追至武垣，生得魏王豹。取平阳，得魏王母妻子，尽定魏地，凡五十二城（、）。赐食邑平阳。因从韩信（㇃）击赵相国夏说军于邬东，大破之，斩夏说。韩信与故常山王张耳引兵下井陉，击成安君，而令参还围赵别将戚将军于邬城中。戚将军出走，追斩之。乃引兵诣敖仓汉王之所。韩信已破赵，为相国，东击齐。参以右丞相（㇃）属韩信（㇃），攻破齐历下军，遂取临菑。还定济北郡，攻著、漯阴、平原、鬲、卢。已而从韩信（㇃）击龙且军于上假密，大破之，斩龙且，虏其将军周兰。定齐，凡得七十余县（、）。得故齐王田广相田光，其守相许章，及故齐胶东将军田既。韩信为齐王，引兵诣陈，与汉王共破项羽，而参留平齐未服者。

项籍已死，天下定，汉王为皇帝，韩信徙为楚王，齐为郡。参归汉相印。高帝以长子肥为齐王，而以参为齐相国。以高祖六年赐爵列侯，与诸侯剖符，世世勿绝。食邑平阳万六百三十户，号曰“平阳侯”，除前所食邑。

以齐相国(⌒)击陈豨将张春军，破之。黥布反，参以齐相国从悼惠王将兵车骑十二万人，与高祖会击黥布军，大破之。南至蕲，还定竹邑、相、萧、留。

参功：凡下二国，县一百二十二；得王二人，相三人，将军六人，大莫敖、郡守、司马、候、御史各一人（○）一大结束，记功。

孝惠帝元年，除诸侯相国法，更以参为齐丞相。参之相齐，齐七十城。天下初定，悼惠王富于春秋，参尽召长老诸生，问所以安集百姓，如齐故俗诸儒以百数，言人人殊，参未知所定。闻胶西有盖公，善治黄老言，使人厚币请之。既见盖公，盖公为言治道贵清静而民自定，推此类具言之（、）省。参于是避正堂，舍盖公焉。其治要用黄老术，故相齐九年，齐国安集，大称贤相（○）记岁。

惠帝二年，萧何卒。参闻之，告舍人趣治行，“吾将入相”。居无何，使者果召参（⌒）。参去，属其后相曰：“以齐狱市为寄，慎勿扰也。”后相曰：“治无大于此者乎？”参曰：“不然，夫狱市者，所以并容也，今君扰之，奸人安所容也（○）？吾是以先之。”

参始微时，与萧何善，及为将相，有郤。至何且死，所推贤唯参。参代何为汉相国，举事无所变更，一遵萧何约束。择郡国吏木诎于文辞，重厚长者，即召除为丞相史。吏之言文刻深，欲务声名者，辄斥去之。日夜饮醇酒。卿大夫已下吏及宾客见参不事事，来者皆欲有言。至者，参辄饮以醇酒，间之，欲有所言，复饮之，醉而后去，终莫得开说，以为常。

相舍后园近吏舍，吏舍日饮歌呼。从吏恶之，无如之何，乃请参游园中，闻吏醉歌呼，从吏幸相国召按之。乃反取酒张坐饮，亦歌呼相与应和。

参见人之有细过，专掩匿覆盖之（○），府中无事（◎）。

参子窋为中大夫。惠帝怪相国不治事，以为“岂少朕与”（、）？乃谓窋曰：“若归，试私从容问而父曰：‘高帝新弃群臣，帝富于春秋，君为相，日饮，无所请事，何以忧天下乎？’然无言吾告若也（、）。”窋既洗沐归，间侍，自从其所谏参。参怒而笞窋二百，曰：“趣入侍，天下事非若所当言也。”至朝时，惠帝让参曰：“与窋胡治乎？乃者我使谏君也（、）。”参免冠谢曰：“陛下自察圣武孰与高帝？”上曰：“朕乃安敢望先帝乎！”曰：“陛下观臣能孰与萧何贤？”上曰：

“君似不及也。”参曰：“陛下言之是也。且高帝与萧何定天下，法令既明，今陛下垂拱，参等守职，遵而勿失，不亦可乎？”惠帝曰：“善。君休矣！”

参为汉相国，出入三年。卒（○），谥懿侯。子窋代侯。百姓歌之曰：“萧何（﹅）为法，顜若画一；曹参代之，守而勿失。载其清净（◎），民以宁一。”

太史公曰：曹相国参攻城野战之功所以能多若此者，以与淮阴侯俱。及信已灭，而列侯成功，唯独参擅其名（﹅）。参为汉相国，清静极言合道。然百姓离秦之酷后，参与休息无为，故天下俱称其美矣。

《淮阴侯列传》读法

锺伯敬曰：淮阴侯不名者，重其人其功而原其不反也。

此篇于立信为齐王界，划分两大段。上一段历写信之战功智略，下一段则写其不反。然写信之战功智略，皆用直叙；写信之不反，则纯用曲笔，而其意自见焉。

淮阴之才，著于萧相国之口，曰“国士无双”。此四字，史公于登坛一对，伐魏，伐赵，伐齐，杀龙且，处处俱细细写出，真写得出也。

上有“人厌之”，“人皆笑”，“无所知名”，“未得知名”，“未之奇”等文，一落至“一军皆惊”处方有根底，方有情势精采，不然则突而无味，以是知前半文字皆为此叙写也。

魏、赵、齐三战，而赵之战尤写得十分精采，笔端奕奕动人。写信之智略，又写一李左车，又写一说龙且之人，以为陪衬渲染。

后既叙与陈豨约反及与家臣谋，明明言其叛，赞内亦云“天下已集，乃谋畔逆”；而武涉之说、蒯通之说必备述之，一字不遗，何也？昔鹿门、震川两先生论信非叛，其说甚明。然吾即史公此传反覆细读，而知史公已大为信不平，不必复取别传证之，始知信之不叛也。夫汉王入蜀时，楚强汉弱，而信乃舍楚归汉。登坛一对，胜负之形如烛照数计，是明于天下大势者孰如信？虏豹伐赵，击齐败且，无不计定，行师如摧枯拉朽，是知己知彼者又孰如信？乃楚汉相持，数年未解，而信之能，实无有出其右者。两主之命，悬于其手；两利俱存，鼎足可成。此等事机，明哲如信，反有不知之者乎？乃武涉说之，蒯通复说之，信不于此时反，迨天下已集乃谋叛逆耶？是以于武涉、蒯通两段皆备述无遗，而于《赞》内点明此意，曰“不亦宜乎”，盖反言之耳，乃写信不听武、蒯之说。而于遥遥数幅之前先写一能听左车之策，以翻陪之，见信非不知计而贸贸为之也。然武涉、蒯通二段，细看来仍系以蒯通作主，而以武涉引起，即不听涉，亦陪也，所谓正陪也。故信诛之后，特写捕通一段以结之。写涉说略，写通说详，可见蒯通一段正史公最着意处，文字亦最是精神。读者莫错把前面许多闹热文字当作正文看，其庶乎能读《史记》者矣。

郦生已说下齐，复击之。通之说，非计也，信则听之。两利俱存。通之说，至计也，信则不听。前后亦相映。

前叙信寄食南昌亭长、漂母饭信及受辱于少年诸琐事，后叙信之相报，一一详写，不少遗者，正为信不反汉作证。见信一饭尚报，况遇我厚之汉王乎！以少年之辱己，尚不报其怨，又岂以汉王之厚己，反肯背其恩乎！此亦史公之微意也。

武涉与蒯通，皆教信反者。其曰“参分天下王之”，犹之乎两利而俱存之也。然涉为项间信，故从汉王之不可亲信说起，其说直而切；通则深为信计者，故先说天下之势，次言信有不可保之势，三则欲其及时而决计也，其说婉而详。信之不听涉，犹之可也，乃关切之深如通，再三说之而亦不听，则其无反志明矣。

武、蒯二说极相似。然武说汉王之交在前，说信之背汉在后；蒯说信之背汉在前，说汉王之交在后，亦变化。

信之用兵垓下一战，阵法、战法俱极正极奇，真大将旗鼓也。篇中反不录及，何也？盖垓下之事，汉王实在行间。信，臣也，无成而代有终者也。故不录于此，而特详于《高纪》。谁谓史公不知道乎！

《赞》内“学道谦让”四字，是一篇纲领。前叙信之寄食饮于人，一怒一喜；后写其千金百钱之报，琐琐恩怨于一饭之间，何其浅也！此已写出一不学道人身分来。其后请立张耳为赵王，听蒯通说袭已下之齐；请为假王，陈兵出入，不即会兵垓下，以良计始会；称病不朝从；羞伍绛、灌；与帝论将兵多寡：皆写其“不学道谦让”处。不惟非从赤松子游者之比，亦与遣子弟从军，让封勿受之萧何异矣！

《赞》内言淮阴葬母，行营高敞地，令旁可置万家，亦与置田宅必居穷处者异。

淮阴侯列传

淮阴侯韩信者，淮阴人也。始为布衣时，贫无行，不得推择为吏，又不能治生商贾，常从人寄食饮，人多厌之者，一路厌烦。常数从其下乡南昌亭长寄食，数月，亭长妻患之，乃晨炊蓐食。食时信往，不为具食。信亦知其意，怒（ ），竟绝去。

信钓于城下，诸母漂，有一母见信饥，饭信，竟漂数十日。信喜（ ），谓漂母曰："吾必有以重报母。"母怒曰："大丈夫不能自食，吾哀王孙而进食，岂望报乎（◎）！"正与信之怨望相照。

淮阴屠中少年有侮信者，曰："若虽长大，好带刀剑，中情怯耳。"众辱之曰："信能死，刺我；不能死，出我袴下。"于是信孰视之，俛出袴下，蒲伏。一市人皆笑信，以为怯。

及项梁渡淮，信杖剑从之，居戏下，无所知名。项梁败，又属项羽，羽以为郎中。数以策干项羽，羽不用。汉王之入蜀，信亡楚归汉，未得知名，极力跌。为连敖。坐法当斩，其辈十三人皆已斩，次至信，信乃仰视，适见滕公，曰："上不欲就天下乎？何为斩壮士！"滕公奇其言，壮其貌，释而不斩。与语，大说之。始扬之。言于上，上拜以为治粟都尉，上未之奇也。又跌。

信数与萧何语，何奇之。再扬之。至南郑，诸将行道亡者数十人，信度何等已数言上，上不我用，即亡。何闻信亡，不及以闻，自追之。人有言上曰："丞相何亡。"上大怒，如失左右手。居一二日，何来谒上，上且怒且喜，骂何曰："若亡，何也？"何曰："臣不敢亡也，臣追亡者。"上曰："若所追者谁何？"曰："韩信也。"上复骂曰："诸将亡者以十数，公无所追；追信，诈也。"何曰："诸将易得耳。至如信者，国士无双。（〻）大扬之，看他以后抒写此四字。王必欲长王汉中，无所事信；必欲争天下，非信无所与计事者。顾王策安所决耳。"（、）王曰："吾亦欲东耳，安能郁郁久居此乎？"（、）一路具小小波致。何曰："王计必欲东，能用信，信即留；不能用，信终亡耳。"王曰："吾为公以为将。"何曰："虽为将，信必不留。"王曰："以为大将。"何曰："幸甚。"于是王欲召信拜之。何曰："王素慢无礼，今拜大将如呼小儿耳，此乃信所以去也。王必欲拜之，择良日，斋戒，设坛场，具礼，乃可耳。”王许之（、）。诸将皆喜，人人各自以为得大将。至拜大将，乃信也（○），一军皆惊（丶）。

信拜礼毕，上坐。王曰：“丞相数言将军，将军何以教寡人计策？”信谢，因问王曰：“今东乡争权天下，岂非项王邪？”汉王曰：“然（、）。”曰：“大王自料勇悍仁强孰与项王？”汉王默然良久，曰：“不如也。”信再拜贺曰：“惟信亦以为大王不如也。然臣尝事之，请言项王之为人也。项王喑恶叱咤，千人皆废，然不能任属贤将，此特匹夫之勇耳。项王见人恭敬慈爱，言语呕呕，人有疾病，涕泣分食饮，至使人有功当封爵者，印玩敝，忍不能予，此所谓妇人之仁也。项王虽霸天下而臣诸侯，不居关中而都彭城。有背义帝之约，而以亲爱王，诸侯不平。诸侯之见项王迁逐义帝置江南，亦皆归逐其主而自王善地。项王所过无不残灭者，天下多怨，百姓不亲附，特劫于威强耳。名虽为霸，实失天下心。故曰其强易弱。今大王诚能反其道：任天下武勇，何所不诛！（○）语有光焰。以天下城邑封功臣，何所不服！以义兵从思东归之士，何所不散（○）！上言大势，下止言今日急务。且三秦王为秦将，将秦子弟数岁矣，所杀亡不可胜计，又欺其众降诸侯，至新安，项王诈坑秦降卒二十余万，唯独邯、欣、翳得脱，秦父兄怨此三人，痛入骨髓。今楚强以威王此三人，秦民莫爱也。大王之入武关，秋毫无所害，除秦苛法，与秦民约，法三章耳，秦民无不欲得大王王秦者。于诸侯之约，大王当王关中，关中民咸知之。大王失职入汉中，秦民无不恨者。今大王举而东，三秦可传檄而定也（○）。”于是汉王大喜，自以为得信晚。遂听信计，部署诸将所击。

八月，汉王举兵东出陈仓，定三秦。汉二年，出关，收魏、河南，韩、殷王皆降。合齐、赵共击楚。四月，至彭城，汉兵败散而还。信复收兵与汉王会荥阳，复击破楚京、索之间，以故楚兵卒不能西。

汉之败却彭城，塞王欣、翟王翳亡汉降楚，齐、赵亦反汉与楚和。六月，魏王豹谒归视亲疾，至国，即绝河关反汉，与楚约和。汉王使郦生说豹，不下。其八月，以信为左丞相，击魏。魏王盛兵蒲坂，塞临晋，信乃益为疑兵，陈船欲度临晋，而伏兵从夏阳以木罂缻渡军，袭安邑（○）。魏王豹惊，引兵迎信，信遂虏豹，定魏为河东郡。汉王遣张耳与信俱（◎），通篇关键。引兵东，北击赵、代。后九月，破代兵，禽夏说阏与。信之下魏破代，汉辄使人收其精兵（◎），诣荥阳以距楚。

信与张耳以兵数万，欲东下井陉击赵。赵王、成安君陈馀闻汉且袭之也，聚兵井陉口，号称二十万。广武君李左车说成安君曰："闻汉将韩信涉西河，虏魏王，禽夏说，新喋血阏与，今乃辅以张耳，议欲下赵，此乘胜而去国远斗，其锋不可当。臣闻千里馈粮，士有饥色，樵苏后爨，师不宿饱。今井陉之道，车不得方轨，骑不得成列，行数百里，其势粮食必在其后。愿足下假臣奇兵三万人，从间道绝其辎重；足下深沟高垒，坚营勿与战。彼前不得斗，退不得还，吾奇兵绝其后，使野无所掠，不至十日，而两将之头可致于戏下（○）。愿君留意臣之计。否，必为二子所禽矣。"成安君，儒者也，常称义兵不用诈谋奇计，曰："吾闻兵法十则围之，倍则战之。今韩信兵号数万，其实不过数千。能千里而袭我，亦已罢极。今如此避而不击，后有大者，何以加之！则诸侯谓吾怯，而轻来伐我。"不听广武君策，广武君策不用（○）。叠一句，惜之也。

韩信使人间视，知其不用，还报，则大喜，乃敢引兵遂下（〇）。未至井陉口三十里，止舍。夜半传发，选轻骑二千人，人持一赤帜，从间道萆山而望赵军，诫曰："赵见我走，必空壁逐我，若疾入赵壁，拔赵帜，立汉赤帜。"令其裨将传飧，曰："今日破赵会食！"诸将皆莫信，详应曰："诺。"（〇）以上于未战时先为抒写。谓军吏曰："赵已先据便地为壁，且彼未见吾大将旗鼓，未肯击前行，恐吾至阻险而还。"信乃使万人先行，出，背水陈。赵军望见而大笑。平旦，信建大将之旗鼓，鼓行出井陉口，赵开壁击之，大战良久。于是信、张耳详弃鼓旗，走水上军。水上军开入之，复疾战。赵果空壁争汉鼓旗，逐韩信、张耳。韩信、张耳已入水上军，军皆殊死战，不可败。信所出奇兵二千骑，共候赵空壁逐利，则驰入赵壁，皆拔赵旗，立汉赤帜二千。赵军已不胜，不能得信等，欲还归壁，壁皆汉赤帜，而大惊，以为汉皆已得赵王将矣，兵遂乱，遁走，赵将虽斩之，不能禁也。于是汉兵夹击，大破虏赵军，斩成安君泜水上，禽赵王歇。（〇）此于战时详写，笔端真如千军万马，纸上毫间奕奕生动。

信乃令军中毋杀广武君，有能生得者购千金。于是有缚广武君而致戏下者，信乃解其缚，东向坐，西向对，师事之（、）。

诸将效首虏，毕贺，因问信曰（、）：末了夹叙诸将问对一段。“兵法右倍山陵，前左水泽，今者将军令臣等反背水陈，曰破赵会食，臣等不服。然竟以胜，此何术也？”信曰：“此在兵法，顾诸君不察耳。兵法不曰‘陷之死地而后生，置之亡地而后存’？且信非得素拊循士大夫也，此所谓‘驱市人而战之’，其势非置之死地，使人人自为战；今予之生地，皆走，宁尚可得而用之乎（〇）！”又于战后补写。诸将皆服曰：“善。非臣所及也。”（乀）

于是信问广武君曰（、）接。：“仆欲北攻燕，东伐齐，何若而有功？”广武君辞谢曰：“臣闻败军之将，不可以言勇，亡国之大夫，不可以图存。今臣败亡之虏，何足以权大事乎！”信曰：“仆闻之，百里奚居虞而虞亡，在秦而秦霸，非愚于虞而智于秦也，用与不用，听与不听也。诚令成安君听足下计，若信者亦已为禽矣。以不用足下，故信得侍耳。”能虚心作如此语，真大将也。因固问曰：“仆委心归计，愿足下勿辞。”广武君曰：“臣闻智者千虑，必有一失；愚者千虑，必有一得。故曰‘狂夫之言，圣人择焉’。顾恐臣计未必足用，愿效愚忠。夫成安君有百战百胜之计，一旦而失之，军败鄗下，身死泜上。今将军涉西河，虏魏王，禽夏说阏与，一举而下井陉，不终朝破赵二十万众，诛成安君。名闻海内，威震天下，农夫莫不辍耕释耒，褕衣甘食，倾耳以待命者。若此，将军之所长也。然而众劳卒罢，其实难用。今将军欲举倦弊之兵，顿之燕坚城之下，欲战恐久力不能拔，情见势屈，旷日粮竭，而弱燕不服，齐必距境以自强也。燕齐相持而不下，则刘项之权未有所分也。若此者，将军所短也。臣愚，窃以为亦过矣。故善用兵者不以短击长，而以长击短。”韩信曰：“然则何由？”广武君对曰：“方今为将军计，莫如案甲休兵，镇赵抚其孤，百里之内，牛酒日至，以飨士大夫醳兵，北首燕路，而后遣辩士奉咫尺之书，暴其所长于燕，燕必不敢不听从。燕已从，使喧言者东告齐，齐必从风而服，虽有智者，亦不知为齐计矣。如是，则天下事皆可图也。兵固有先声而后实者，此之谓也（、）。”亦作两层写，行文再不肯直。韩信曰：“善。”从其策，发使使燕，燕从风而靡。乃遣使报汉，因请立张耳为赵王，以镇抚其国。汉王许之，乃立张耳为赵王。（）此皆信与帝不终之故，为文中大眼目。

楚数使奇兵渡河击赵，赵王耳、韩信往来救赵，因行定赵城邑，发兵诣汉。楚方急围汉王于荥阳，汉王南出，之宛、叶间，得黥布，走入成皋，楚又复急围之。六月，汉王出成皋，东渡河，独与滕公俱，从张耳军修武。至，宿传舍。晨自称汉使，驰入赵壁。张耳、韩信未起，即其卧内上夺其印符，以麾召诸将，易置之。（）信、耳起，乃知汉王来，大惊。汉王夺两人军，（）即令张耳备守赵地。拜韩信为相国，收赵兵未发者击齐。

信引兵东，未渡平原，闻汉王使郦食其已说下齐，韩信欲止。范阳辩士蒯通说信曰："将军受诏击齐，而汉独发间使下齐，宁有诏止将军乎？何以得毋行也！且郦生一士，伏轼掉三寸之舌，下齐七十余城，将军将数万众，岁余乃下赵五十余城，为将数岁，反不如一竖儒之功乎？"于是信然之，从其计（），通说其非，信听之，深悟此亦不终之根。遂渡河。齐已听郦生，即留纵酒，罢备汉守御。信因袭齐历下军，遂至临菑。齐王田广以郦生卖己，乃亨之，而走高密，使使之楚请救。韩信已定临菑，遂东追广至高密西。楚亦使龙且将，号称二十万，救齐。

齐王广、龙且并军与信战，未合。人或说龙且曰：“汉兵远斗穷战，其锋不可当。齐、楚自居其地战，兵易败散。不如深壁，令齐王使其信臣招所亡城，亡城闻其王在，楚来救，必反汉。汉兵二千里客居，齐城皆反之，其势无所得食，可无战而降也（○）。”此亦左车计也，然上写得浓郁，此则简净。龙且曰：“吾平生知韩信为人，易与耳。又一陈馀。且夫救齐不战而降之，吾何功？今战而胜之，齐之半可得，何为止！”遂战，与信夹潍水陈。韩信乃夜令人为万余囊，满盛沙，壅水上流，引军半渡，击龙且，详不胜，还走(○)。此与上写赵战处，虽不及其精神，然自简净，所谓各极其致也。龙且果喜曰：“固知信怯也。”遂追信渡水。信使人决壅囊，水大至。龙且军大半不得渡，即急击，杀龙且。龙且水东军散走，齐王广亡去。信遂追北至城阳，皆虏楚卒（○）。

汉四年，遂皆降平齐。使人言汉王曰（ ）：“齐伪诈多变（ ），反覆之国也（ ），南边楚（ ），不为假王以镇之(〽),其势不定。愿为假王便(〽)。”当是时,楚方急围汉王于荥阳,韩信使者至,发书,(〽)汉王大怒,骂曰(〽):“吾困于此(〽),旦暮望若来佐我(〽),乃欲自立为王(〽)!”张良、陈平蹑汉王足(〽),因附耳语曰(〽):“汉方不利(〽),宁能禁信之王乎(〽)?不如因而立(〽),善遇之(〽),使自为守(〽)。不然,变生(〽)。”汉王亦悟(〽),因复骂曰(〽):“大丈夫定诸侯,即为真王耳,何以假为!”乃遣张良往立信为齐王,征其兵击楚(〽)。

楚已亡龙且,项王恐,使盱眙人武涉往说齐王信(◎)曰:“天下共苦秦久矣,相与戮力击秦。秦已破,计功割地,分土而王之,以休士卒。今汉王复兴兵而东,侵人之分,夺人之地,已破三秦,引兵出关,收诸侯之兵以东击楚,其意非尽吞天下者不休,其不知厌足如是甚也(、)。且汉王不可必,身居项王掌握中数矣,项王怜而活之,然得脱,辄倍约,复击项王,其不可亲信如此(、)。今足下虽自以与汉王为厚交,为之尽力用兵,终为之所禽矣。足下所以得须臾至今者,以项王尚存也(、)。当今二王之事,权在足下。足下右投则汉王胜,左投则项王胜。项王今日亡,则次取足下。足下与项王有故，何不反汉与楚连和，三分天下王之？今释此时，而自必于汉以击楚，且为智者固若此乎！”韩信谢曰（◎）：“臣事项王，官不过郎中（◎），位不过执戟（◎），言不听（◎），画不用（◎），故倍楚而归汉（◎）。汉王授我上将军印（◎），予我数万众（◎），解衣衣我，推食食我，言听计用，故吾得以至于此（◎）。夫人深亲信我（◎），我倍之不祥，虽死不易（◎）。幸为信谢项王！”

武涉已去，齐人蒯通知天下权在韩信，欲为奇策而感动之，以相人说韩信曰（◎）：“仆尝受相人之术。”韩信曰：“先生相人何如？”此段文字酷似《国策》。对曰：“贵贱在于骨法，忧喜在于容色，成败在于决断（ⅴ），以此参之，万不失一。”韩信曰：“善。先生相寡人何如？”对曰：“愿少间。”信曰：“左右去矣。”通曰：“相君之面，不过封侯，又危不安。相君之背，贵乃不可言。”韩信曰：“何谓也？”蒯通曰：“天下初发难也，俊雄豪杰建号一呼，天下之士云合雾集，鱼鳞杂遝，熛至风起。当此之时，忧在亡秦而已。一层说日前事。今楚汉分争，使天下无罪之人肝胆涂地，父子暴骸骨于中野，不可胜数。此说现在事，一层合说。

楚人起彭城，转斗逐北，至于荥阳，乘利席卷，威震天下。然兵困于京、索之间，迫西山而不能进者，三年于此矣。一层说楚。汉王将数十万之众，距巩、雒，阻山河之险，一日数战，无尺寸之功，折北不救，败荥阳，伤成皋，遂走宛、叶之间，此所谓智勇俱困者也。一层说汉。夫锐气挫于险塞，而粮食竭于内府，百姓罢极怨望，容容无所倚。又合说。以臣料之，其势非天下之贤圣固不能息天下之祸。当今两主之命县于足下（○）。先虚说一笔，然后实说。足下为汉则汉胜，与楚则楚胜。臣愿披腹心，输肝胆，效愚计，恐足下不能用也。诚能听臣之计，莫若两利而俱存之，三分天下，鼎足而居，其势莫敢先动。（○）文势如山卓立，上文势紧，此故缓以纾之。夫以足下之贤圣，有甲兵之众，据强齐，从燕、赵，出空虚之地而制其后，因民之欲，西乡为百姓请命，则天下风走而响应矣，孰敢不听！割大弱强，以立诸侯，诸侯已立，天下服听而归德于齐。案齐之故，有胶、泗之地，怀诸侯之德，深拱揖让，则天下之君王相率而朝于齐矣。盖闻天与弗取，反受其咎；时至不行，反受其殃。愿足下孰虑之。”又虚断四语。

韩信曰（◎）："汉王遇我甚厚（◎），载我以其车（◎），衣我以其衣（◎），食我以其食（◎）。吾闻之（◎），乘人之车者（◎）载人之患（◎），衣人之衣者（◎）怀人之忧（◎），食人之食者（◎）死人之事（◎），吾岂可以乡利倍义乎！"蒯生曰（◎）："足下自以为善汉王，欲建万世之业，臣窃以为误矣。始常山王、成安君为布衣时，相与为刎颈之交，后争张黡、陈泽之事，二人相怨。常山王背项王，奉项婴头而窜，逃归于汉王。汉王借兵而东下，杀成安君泜水之南，头足异处，卒为天下笑。此二人相与，天下至欢也。然而卒相禽者，何也？患生于多欲而人心难测也。（○）今足下欲行忠信以交于汉王，必不能固于二君之相与也，而事多大于张黡、陈泽。故臣以为足下必汉王之不危己，亦误矣。大夫种、范蠡存亡越，霸勾践，立功成名而身死亡。野兽已尽而猎狗亨。夫以交友言之，则不如张耳之与成安君者也；以忠信言之，则不过大夫种、范蠡之于句践也。此二人者，足以观矣。（○）前说先分论楚汉，后说信。此亦先引二喻，后说信，然各自竖议。盖上说时事，此说人情也。愿足下深虑之。且臣闻勇略震主者身危，而功盖天下者不赏。臣请言大王功略：足下涉西河，虏魏王，禽夏说，引兵下井陉，诛成安君，徇赵，胁燕，定齐，南摧楚人之兵二十万，东杀龙且，西乡以报，此所谓功无二于天下，而略不世出者也。今足下戴震主之威，挟不赏之功，归楚，楚人不信；归汉，汉人震恐：足下欲持是安归乎？（○）语语危耸。夫势在人臣之位而有震主之威，名高天下，窃为足下危之。”韩信谢曰（◎）：“先生且休矣，吾将念之。”

后数日，蒯通复说曰（◎）：“夫听者事之候也，计者事之机也，听过计失而能久安者，鲜矣。上两说情势已尽，此但劝其决计也，而文势如扫，又具一致。听不失一二者，不可乱以言；计不失本末者，不可纷以辞。夫随厮养之役者，失万乘之权；守儋石之禄者，阙卿相之位。故知者决之断也，疑者事之害也，审豪厘之小计，遗天下之大数，智诚知之，决弗敢行者，百事之祸也。故曰‘猛虎之犹豫，不若蜂虿之致螫；骐骥之跼躅，不如驽马之安步；孟贲之狐疑，不如庸夫之必至也；虽有舜禹之智，吟而不言，不如瘖聋之指麾也’。此言贵能行之。夫功者难成而易败，时者难得而易失也。时乎时，不再来。（○）愿足下详察之。”韩信犹豫不忍倍汉（◎），又自以为功多（◎），汉终不夺我齐（◎），遂谢蒯通（◎）。蒯通说不听，已详狂为巫。

汉王之困固陵，用张良计，召齐王信，遂将兵会垓下。项羽已破，高祖袭夺齐王军（丶）。汉五年正月，徙齐王信为楚王，都下邳。

信至国，召所从食漂母，赐千金。及下乡南昌亭长，赐百钱，曰：“公，小人也，为德不卒。”召辱己之少年令出胯下者以为楚中尉。告诸将相曰：“此壮士也。方辱我时，我宁不能杀之邪？杀之无名，故忍而就于此（、）。”一一应上。

项王亡将锺离眛家在伊庐，素与信善。项王死后，亡归信。汉王怨眛，闻其在楚，诏楚捕眛。信初之国，行县邑，陈兵出入（丶）。汉六年，人有上书告楚王信反。高帝以陈平计，天子巡狩会诸侯，南方有云梦，发使告诸侯会陈：“吾将游云梦。”实欲袭信，信弗知。高祖且至楚，信欲发兵反，自度无罪，欲谒上，恐见禽。人或说信曰：“斩眛谒上，上必喜，无患。”信见眛计事。眛曰：“汉所以不击取楚，以眛在公所。若欲捕我以自媚于汉，吾今日死，公亦随手亡矣。”

乃骂信曰："公非长者！"卒自刭。信持其首，谒高祖于陈。上令武士缚信，载后车。信曰："果若人言，'狡兔死，良狗亨；高鸟尽，良弓藏；敌国破，谋臣亡。'天下已定，我固当亨！"上曰："人告公反。"遂械系信。至雒阳，赦信罪，以为淮阴侯。

信知汉王畏恶其能，常称病不朝从（、）。信由此日怨望，居常鞅鞅（◎），羞与绛、灌等列（◎）。信尝过樊将军哙（◎），哙跪拜送迎（◎），言称臣，曰（◎）："大王乃肯临臣！"信出门，笑曰："生乃与哙等为伍！（◎）"上常从容与信言诸将能不，各有差。上问曰："如我能将几何？"信曰："陛下不过能将十万（◎）。"上曰："于君何如？"曰："臣多多而益善耳（◎）。"上笑曰："多多益善，何为为我禽？"信曰："陛下不能将兵，而善将将，此乃信之所以为陛下禽也。且陛下所谓天授，非人力也。"

陈豨拜为巨鹿守，辞于淮阴侯。淮阴侯挈其手，辟左右与之步于庭，仰天叹曰："子可与言乎？欲与子有言也。"豨曰："唯将军令之。"淮阴侯曰："公所居，天下精兵处也；而公，陛下之信幸臣也。人言公之畔，陛下必不信；再至，陛下乃疑矣；三至，必怒而自将。吾为公从中起，天下可图也。”此当日狱词也，写得潦草，无文理，与前料敌致胜三处全不合，足见其诬。陈豨素知其能也，信之，曰：“谨奉教！”汉十年，陈豨果反。上自将而往，信病不从（⸜）。阴使人至豨所，曰：“弟举兵，吾从此助公。”信乃谋与家臣夜诈诏赦诸官徒奴，欲发以袭吕后、太子。部署已定，待豨报。其舍人得罪于信，信囚，欲杀之。舍人弟上变，告信欲反状于吕后。吕后欲召，恐其党不就，乃与萧相国谋，诈令人从上所来，言豨已得死，列侯群臣皆贺。相国绐信曰：“虽疾，强入贺。”信入，吕后使武士缚信，斩之长乐钟室。信方斩之，曰：“吾悔不用蒯通之计，乃为儿女子所诈，岂非天哉！”遂夷信三族。

高祖已从豨军来，至，见信死，且喜且怜之，（◎）喜者，其素日畏恶其能之心也；怜者，不昧其功之良心也。问：“信死亦何言？”吕后曰：“信言恨不用蒯通计。”高祖曰：“是齐辩士也。”乃诏齐捕蒯通。蒯通至（、），余波亦极有关会。上曰：“若教淮阴侯反乎？”（、）对曰：“然，臣固教之。竖子不用臣之策，故令自夷于此。如彼竖子用臣之计，陛下安得而夷之乎（○）！”

竟自承认，妙极！上怒曰："亨之。"通曰："嗟乎，冤哉亨也！"上曰："若教韩信反，何冤？"对曰："秦之纲绝而维弛，山东大扰，异姓并起，英俊乌集。秦失其鹿，天下共逐之，于是高材疾足者先得焉。跖之狗吠尧，尧非不仁，狗固吠非其主。当是时，臣唯独知韩信，非知陛下也。且天下锐精持锋欲为陛下所为者甚众，顾力不能耳。又可尽亨之邪（〇）？"通奇上语甚警辟。高帝曰："置之。"乃释通之罪。

太史公曰：吾如淮阴，淮阴人为余言，韩信虽为布衣时，其志与众异。其母死，贫无以葬，然乃行营高敞地，令其旁可置万家。闲文补写，然亦见信之志在富贵也。余视其母冢，良然。假令韩信学道谦让，不伐己功，不矜其能，则庶几哉，于汉家勋可以比周、召、太公之徒，后世血食矣（〇）。不务出此，而天下已集，乃谋畔逆，夷灭宗族（〇），反言正，共用意处。不亦宜乎（〇）！

《李将军列传》读法

此篇读者，谁不以为李将军才气天下无双，乃以数奇不侯，为将军扼腕太息者？且有谓与卫霍列传合看，盖以卫有相青当侯，霍有天幸之语也，然不知史公于此则大有意义在矣。余愿天下之真读书人必当别具双眼，勿徒依样葫芦，为古人所笑也。

夫广之数奇不侯，岂顾问哉？然史公摹写广之才气，缕缕析析，几于不遗余力，此岂区区为一不侯称屈己耶？况《赞》中于数奇处一语不及，乃引孔子之言"身正令行"者，谓其以忠实心诚信于士大夫。夫忠则不欺，信则不诈。广为陇西守，诱羌而降之，既降矣，又诈坑而杀之，忠信者如是乎？昔汉光武帝推心置腹而降赤眉，唐郭子仪以单骑而却回鹘数万之师，忠信故也。故毋惑乎广之出接单于兵，皆以力战为名，而自此之后虏兵无一降者。史公盖深惜之，故为一一细写广之材武如此，胆略如此，勇敢如此，宽仁如此，骁捷如此，神奇如此，且为士大夫所爱慕而矜惜之如此。夫其所以如此者，皆其忠信有以致之使然也，乃独于虏而用欺用诈，以致屡出无功。然则其不侯也，岂惟冥报然哉！亦以其所以施之者，有未尽其道者矣！然则杀降一事，非惟广恨之，亦史公之所恨也。故引孔子之言曰“其身正，不令而行；其身不正，虽令不从”，为李将军之谓。又曰“此言虽小，可以喻大”，意可见矣。读者不此之察，而徒曰“数奇数奇”，泥其词而失其旨，亦可谓不善读《史记》者也。

天道好生而恶杀，况诱而降，降而杀之乎！史公盖有感于此，而于《赞》中特引孔子之言，以明其所以为传之意。夫广以宽大仁廉而得士，亦以欺诈而失夷虏之心，故其威名功略止出于力争而得之。此所谓“其身正，不令而行；其身不正，虽令不从”也。此如论孟引《诗》《书》之例，不必字字贴合下文所谓“喻”也。不然，史公既服膺李将军至于如此其极，乃于其杀降一事特为表之，不一为贤者讳，何耶？且于李广口中自言其诱，自言其诈，而《赞》中乃谓其“忠实诚信”，互相矛盾，又何耶？此皆学者之不肯思及者也。

“数奇”字见于武帝诫青语中，至广自刎时，以其“与麾下一叹”结之。然尤妙者，先借文帝之言预为提明，将一篇精神点醒在此，遂令读者无不以为此篇文字专为此二字而发也者。而孰知不然，史公真不欲后世之人之有能知其文者也。

自写其不遇之后，连写“赏不行”，“汉军皆无功”，“广军无功”，“无赏”等字，并历叙其官阶，皆为不侯作眼目也。写“受射”、“善骑射”，皆以“力战”、“复力战”，并无数射字，皆为杀降失虏心作眼目也。然不侯之眼目易见，而杀降之眼目难知。此古人之书所以索解人不得也。

写广之数奇不侯，写一李蔡以陪之，又带写广之军吏士卒以陪之；写广之材武、胆略、勇健，写一中贵人以陪之，又带写广之百骑吏士以陪之；写广之宽仁，写一程不识以陪之，又连写士卒“乐从”，“爱乐为用”，并士大夫“皆哭”，百姓“皆为垂涕”以足之。尤妙于写广之射虎，先写一射石，以状广之气吞万象之神勇。渲染之工，一李广几于栩栩欲活矣。

写广之宽仁，凡三。一写与程不识对论，一写其平日为人，一写其将兵之日；而与不识对论一段尤写得淋漓。写广之善射，凡五。一射射雕人，一射白马将；一射追骑，一射虎，一以大黄射裨将；而射白马将与射追骑两段尤写得生动。皆所谓咏歌嗟叹不一而足者也。

霸陵尉一段，亦非漫入没紧要事，盖言广之量狭不能容人过，且请与俱而斩之，亦见其诈。此则暗写耳。

夫子有言曰："言忠信，行笃敬，虽蛮貊之邦行矣。"夫以史公之所极推许之李将军，而以其一时之诈，失其平日忠信之心，少之如此，则史公之识见学力为何如，而奈何谓为不知道哉！

通篇写广，亦可谓尽态极妍矣。然写来祇觉是一骑将身分，与写卫青之持重捕杀虏口者毕竟不同。读书者勿徒为皮相也。

李将军列传

李将军广者，陇西成纪人也。其先曰李信，秦时为将，逐得燕太子丹者也。故槐里，徙成纪。广家世世受射（丶）。孝文帝十四年，匈奴大入萧关，而广以良家子从军击胡，用善骑射，杀首虏多，为汉中郎（.）。广从弟李蔡亦为郎，（、）陪。皆为武骑常侍，秩八百石。（.）尝从行，有所冲陷折关及格猛兽，而文帝曰："惜乎，（〇）子不遇时！（〇）（丶）如令子当高帝时，万户侯岂足道哉！"（〇）

及孝景初立，广为陇西都尉，徙为骑郎将。（.）吴楚军时，广为骁骑都尉，（.）从太尉亚夫击吴楚军，取旗，显功名昌邑下。以梁王授广将军印，还，赏不行。徙为上谷太守，（.）匈奴日以合战。典属国公孙昆邪为上泣曰："李广才气，天下无双，自负其能，数与虏敌战，恐亡之。"（丶）于是乃徙为上郡太守。（.）以上分叙。后广转为边郡太守，徙上郡。尝为陇西、北地、雁门、代郡、云中太守，皆以力战为名。（丶）总一笔。

匈奴大入上郡，天子使中贵人从广勒习兵击匈奴。中贵人将骑数十纵，见匈奴三人，与战。三人还射，伤中贵人，杀其骑且尽。中贵人走广。广曰："是必射雕者也。"广乃遂从百骑往驰三人。三人亡马步行，行数十里。广令其骑张左右翼，而广身自射彼三人者，（、）材武。杀其二人，生得一人，果匈奴射雕者也。已缚之上马，（、）望匈奴有数千骑，见广，以为诱骑，皆惊，上山陈。广之百骑皆大恐，欲驰还走。广曰：（○）识见。"吾去大军数十里，今如此以百骑走，匈奴追射我，立尽。今我留，匈奴必以我为大军之诱，必不敢击我。"广令诸骑曰："前！"前未到匈奴陈二里所，止，令曰："皆下马解鞍！"（○）胆力。其骑曰："虏多且近，即有急，奈何？"广曰："彼虏以我为走，今皆解鞍以示不走，用坚其意。"于是胡骑遂不敢击。有白马将出护其兵，李广上马与十余骑奔射杀胡白马将，（○）骁健。而复还至其骑中，解鞍，令士皆纵马卧。是时会暮，胡兵终怪之，不敢击。夜半时，胡兵亦以为汉有伏军于旁，欲夜取之，胡皆引兵而去。平旦，李广乃归其大军。（○）大军不知广所之，故弗从。

居久之，孝景崩，武帝立，左右以为广名将也，（ ）于是广以上郡太守为未央卫尉，（.）而程不识亦为长乐卫尉。陪。程不识故与李广俱以边太守将军屯。及出击胡，而广行无部伍行陈，（○）宽大。就善水草屯，舍止，人人自便，不击刀斗以自卫，莫府省约文书籍事，然亦远斥候，未尝遇害。程不识正部曲行伍营陈，击刀斗，士吏治军簿至明，军不得休息，然亦未尝遇害。不识曰："李广军极简易，然虏卒犯之，无以禁也；而其士卒亦佚乐，咸乐为之死。我军虽烦扰，然虏亦不得犯我。"是时汉边郡李广、程不识皆为名将，然匈奴畏李广之略，士卒亦多乐从李广而苦程不识。（○）程不识孝景时以数直谏为太中大夫。（.）为人廉，谨于文法。

后汉以马邑城诱单于，使大军伏马邑旁谷，而广为骁骑将军，（.）领属护军将军。是时单于觉之，去，汉军皆无功。（.）其后四岁，广以卫尉为将军，（.）出雁门，击匈奴。匈奴兵多，破败广军，生得广。单于素闻广贤，令曰："得李广必生致之。"胡骑得广，广时伤病，置广两马间，络而盛卧广。行十余里，广详死，睨其旁有一胡儿骑善马，（○）广暂腾而上胡儿马，（○）

轻捷。因推堕儿，取其弓，鞭马南驰数十里，复得其余军，因引而入塞。匈奴捕者骑数百追之，广行取胡儿弓，射杀追骑，以故得脱。（〇）于是至汉，汉下广吏。吏当广所失亡多，为虏所生得，当斩，赎为庶人。

顷之，家居数岁。广家与故颍阴侯孙屏野居蓝田南山中射猎。尝夜从一骑出，从人田间饮。还至霸陵亭，霸陵尉醉，呵止广。广骑曰："故李将军。"尉曰："今将军尚不得夜行，何乃故也！"止广宿亭下。居无何，匈奴入杀辽西太守，败韩将军，韩将军后徙右北平。于是天子乃召拜广为右北平太守。广即请霸陵尉与俱，至军而斩之。（、）

广居右北平，匈奴闻之，号曰"汉之飞将军"（◝），避之数岁，不敢入右北平。

广出猎，见草中石，以为虎而射之，中石没镞，视之石也。因复更射之，终不能复入石矣。（〇）神勇。广所居郡，闻有虎，尝自射之。及居右北平，射虎，虎腾伤广，广亦竟射杀之。（〇）

广廉，得赏赐辄分其麾下，饮食与士共之。仁廉。终广之身，为二千石四十余年，家无余财，终不言家产事。广为人长，猿臂，其善射亦天性也，（○）又总一笔写射。虽其子孙他人学者，莫能及广。广讷口少言，与人居则画地为军陈，射阔狭以饮。专以射为戏，（⦸）竟死。广之将兵，乏绝之处，见水，士卒不尽饮，广不近水，士卒不尽食，广不尝食。宽缓不苛，士以此爱乐为用。（、）又将广之宽、仁、材、武再一总写。其射，见敌急，非在数十步之内，度不中不发，发即应弦而倒。用此其将兵数困辱，其射猛兽亦为所伤云。（、）

居顷之，石建卒，于是上召广代建为郎中令。（.）元朔六年，广复为后将军，从大将军军出定襄，击匈奴。诸将多中首虏率，以功为侯者，而广军无功。（.）后二岁，广以郎中令将四千骑出右北平，博望侯张骞将万骑与广俱，异道。行可数百里，匈奴左贤王将四万骑围广，广军士皆恐，广乃使其子敢往驰之。敢独与数十骑驰，直贯胡骑，出其左右而还，告广曰："胡虏易与耳。"军士乃安。广为圜陈外向，胡急击之，矢下如雨。汉兵死者过半，汉矢且尽。广乃令士持满毋发，而广身自以大黄射其裨将，杀数人，胡虏益解。（、）会日暮，吏士皆无人色，而广意气自如，益治军。军中自是服其勇也。（○）明日，复力战，（ ）而博望侯军亦至，匈奴军乃解去。汉军罢，弗能追。是时广军几没，罢归。汉法博望侯留迟后期，当死，赎为庶人。广军功自如，无赏。（.）

初，广之从弟李蔡与广俱事孝文帝。景帝时，蔡积功劳至二千石。孝武帝时，至代相。以元朔五年为轻车将军，从大将军击右贤王，有功中率，封为乐安侯。（、）元狩二年中，代公孙弘为丞相。蔡为人在下中，名声出广下甚远，然广不得爵邑，官不过九卿，而蔡为列侯，位至三公。诸广之军吏及士卒或取封侯。（、）广尝与望气王朔燕语曰："自汉击匈奴，而广未尝不在其中，而诸部校尉以下，才能不及中人，然以击胡军功取侯者数十人，而广不为后人，然无尺寸之功以得封邑者，何也？岂吾相不当侯邪？且固命也？"朔曰（○）："将军自念，岂尝有所恨乎？"广曰："吾尝为陇西守，羌尝反，吾诱而降，降者八百余人，吾诈而同日杀之。至今大恨独此耳。"（○）朔曰："祸莫大于杀已降，此乃将军所以不得侯者也。"（◎）

后二岁，大将军、骠骑将军大出击匈奴，广数自请行。天子以为老，弗许；良久乃许之，以为前将军。（.）

是岁，元狩四年也。（、）特标出年岁，以醒眼目。

广既从大将军青击匈奴，既出塞，青捕虏知单于所居，乃自以精兵走之，而令广并于右将军军，出东道。东道少回远，而大军行水草少，其势不屯行。广自请曰："臣部为前将军，今大将军乃徙令臣出东道，且臣结发而与匈奴战，今乃一得当单于，臣愿居前，先死单于。"大将军青亦阴受上诫，以为李广老，数奇，（◟◝）毋令当单于，恐不得所欲。而是时公孙敖新失侯，为中将军从大将军，大将军亦欲使敖与俱当单于，故徙前将军广。广时知之，固自辞于大将军。大将军不听，令长史封书与广之莫府，曰："急诣部如书。"广不谢大将军而起行，意甚愠怒而就部，引兵与右将军食其合军出东道。军亡导，或失道，后大将军。大将军与单于接战，单于遁走，弗能得而还。南绝幕，遇前将军、右将军。广已见大将军，还入军。大将军使长史持糒醪遗广，因问广、食其失道状，青欲上书报天子军曲折。广未对，大将军使长史急责广之幕府对簿。广曰："诸校尉无罪，乃我自失道。吾今自上簿。"

至莫府，广谓其麾下曰："广结发与匈奴大小七十余战，今幸从大将军出接单于兵，而大将军又徙广部，行回远而又迷失道，岂非天哉！（〇）且广年六十余矣，终不能复对刀笔之吏。”遂引刀自刭。广军士大夫一军皆哭。百姓闻之，知与不知，无老壮皆为垂涕。而右将军独下吏，当死，赎为庶人。

广子三人，曰当户、椒、敢，为郎。天子与韩嫣戏，嫣少不逊，当户击嫣，嫣走。于是天子以为勇。当户早死，拜椒为代郡太守，皆先广死。当户有遗腹子名陵。广死军时，敢从骠骑将军。广死，明年，李蔡以丞相坐侵孝景园壖地，当下吏治，蔡亦自杀，不对狱，国除。李敢以校尉从骠骑将军击胡左贤王，力战，夺左贤王鼓旗斩首多，赐爵关内侯，（.）食邑二百户，代广为郎中令。顷之，怨大将军青之恨其父，乃击伤大将军，大将军匿讳之。居无何，敢从上雍，至甘泉宫猎。骠骑将军去病与青有亲，射杀敢。去病时方贵幸，上讳云鹿触杀之。居岁余去病死。而敢有女为太子中人，爱幸，敢男禹有宠于太子，然好利，李氏陵迟衰微矣。

李陵既壮，选为建章监，监诸骑。善射，（〇）爱士卒。天子以为李氏世将，而使将八百骑。尝深入匈奴二千余里，过居延，视地形无所见虏而还。拜为骑都尉，将丹阳楚人五千人，教射酒泉、张掖以屯卫胡。

善射余影。

数岁，天汉二年秋，贰师将军李广利将三万骑击匈奴右贤王于祁连天山，而使陵将其射士步兵五千人出居延北可千余里，欲以分匈奴兵，毋令专走贰师也。陵既至期还，而单于以兵八万围击陵军。陵军五千人，兵矢既尽，士死者过半，而所杀伤匈奴亦万余人。且引且战，连斗八日，还，未到居延百余里，匈奴遮狭绝道，陵食乏而救兵不到，虏急击招降陵。陵曰："无面目报陛下。"遂降匈奴。其兵尽没，余亡散得归汉者四百余人。单于既得陵，素闻其家声，及战，又壮，乃以其女妻陵而贵之。汉闻，族陵母妻子。自是之后，李氏名败，而陇西之士居门下者皆用为耻焉。

太史公曰：《传》曰"其身正，不令而行；其身不正，虽令不从"。其李将军之谓也？（◎）余睹李将军，悛悛如鄙人，口不能道辞。及死之日，天下知与不知，皆为尽哀。彼其忠实心诚信于士大夫也？（○）谚曰"桃李不言，下自成蹊"。此言虽小，可以喻大也。（、）

《魏其武安侯列传》读法

此传读者，孰不以为史公极写武安之庸恶陋劣，乃以杯酒戕两贤，为魏其、灌夫惜？而不知史公之意正不在此。夫文有文心，有文貌。以武安龌龊小儿，其所为，世人孰不知唾之笑之骂之？而乃以之辱吾笔墨，如此用心，其已卑矣。文心卑，则亦焉得有高文乎？故必舍其貌而求其心，夫而后知史公之识见学力实有非寻常人之所及者，则又焉可谓之不知道而肆讥之乎！

何也？魏其、武安非皆相臣者乎？夫所为相臣者，《书·秦誓》言之矣，曰"若有一个臣，断断兮无他技，其心休休焉，其如有容焉者是也。"武安固不足言，即魏其亦沾沾自喜，非能有容者。盖惟有容，则让；亦惟有容，不争。至于争，则未有不祸及者矣。史公深罪魏其之不能容，此《春秋》责备贤者之意也。

魏其之不能容，却不于传中正写而于籍福语中写之，先于景帝语中写之。其举适诸宾，不能容一；独厚遇灌将军，不能容二；倚灌夫引绳批根，不能容三；

不许武安田，不能容四；东朝之辩，因言武安短，不能容五。然前叙薄官病免，谢病屏居蓝田，皆写其不能容也，乃本意责魏其之争而不让，而却写武安之让（籍福说武安让相魏其），却写武安之争时不知让（韩安国谓武安与魏其争），以为魏其反照。此等文法，古今来惟史公独步；此种文心，亦惟史公独得。后世不惟作者之难，即求知者而亦不可得矣。

《魏其武安列传》也，乃又插灌夫传于中，以二人之相倾实由夫也。乃于三人传中忽插一籍福，经经纬纬，而又于前写一高遂，于后写一韩安国，又写一汲黯，又写一郑当时，最后又补写一石建。错综历落，真乃绝世文情。

此篇自当以不能容为主，以“争”、“让”二字为眼目，以宾客为线索。其宾客之趋避炎凉，不过为文中之渲染，非正文也。前写魏其之贤，以为武安对照；至写武安处，不过“辨有口”三字耳，其能止此。至貌寝一段，写得全是一味自尊自大，故前以“贵”字起，末以“骄”字结，中间描写武安识略，此其相业也，甚属可笑，用笔可谓恢谐入妙。

写灌夫使酒二段，乃先泛写醉搏窦甫一事，以为伏案，真不肯孟浪行文者也。

此传当分二段读，前写窦、灌二人之交，后写窦、田与灌夫三人之郄。写二人之交作三层。前以一笔总写，中一层写二人相交之心事，后一层写二人相交之游处，可谓淋漓尽致矣。

写三人之郄作四段。武安过魏其为一段，写得极琐细明划；武安请田为一段，写得极生动跳脱；诏会宗室为一段，写得极浓郁深至；魏其救灌夫为一段，写得极整齐变化：诚乃各极其致。

写武安全是倚藉中势，故上以“太后贤”之起，下以“特为太后故”结，中间“上曰：君除吏已尽未？吾亦欲除吏。”又曰“君何不遂取武库？”又东朝之辩“上怒内史”等语。皆不直武安也，乃其意至末始点明，一路草蛇灰线，极有脉络。

窦、田之事，史公所目击者。此传乃将各人身分、各人性情、各人形状、各人行事一一描写，无不逼真，遂使后世读者亦如亲身遇之，亲目见之，真神于文者也。

魏其武安侯列传

魏其侯窦婴者，孝文后从兄子也。父世观津人。喜宾客。（㇏）孝文时，婴为吴相，病免。孝景初即位，为詹事。梁孝王者，孝景弟也，其母窦太后爱之。梁孝王朝，因昆弟燕饮。是时上未立太子，酒酣，从容言曰："千秋之后传梁王。"太后欢。窦婴引卮酒进上，曰："天下者，高祖天下，父子相传，此汉之约也，上何以得擅传梁王！"太后由此憎窦婴。窦婴亦薄其官，因病免。（㇏）太后除窦婴门籍，不得入朝请。

孝景三年，吴楚反，上察宗室诸窦毋如窦婴贤，乃召婴。婴入见，固辞谢病不足任。太后亦惭。于是上曰："天下方有急，王孙宁可以让邪？"乃拜婴为大将军，赐金千斤。窦婴乃言袁盎、栾布诸名将贤士在家者进之。所赐金，陈之廊庑下，写魏其贤，与武安打照。军吏过，辄令财取为用，金无入家者。窦婴守荥阳，监齐赵兵。七国兵已尽破，封婴为魏其侯。诸游士宾客争归魏其侯。（㇏）孝景时每朝议大事，条侯、魏其侯，诸列侯莫敢与亢礼。

孝景四年，立栗太子，使魏其侯为太子傅。孝景七年，栗太子废，魏其数争不能得。魏其谢病，屏居蓝田南山之下数月，诸宾客辩士说之，莫能来。梁人高遂（.）乃说魏其曰："能富贵将军者，上也；能亲将军者，太后也。今将军傅太子，太子废而不能争；争不能得，又弗能死。自引谢病，拥赵女，屏间处而不朝。相提而论，是自明扬主上之过。有如两宫螫将军，则妻子毋类矣。"魏其侯然之，乃遂起，朝请如故。

桃侯免相，窦太后数言魏其侯。孝景帝曰："太后岂以为臣有爱，不相魏其？魏其者，沾沾自喜耳，（◎）多易。难以为相，持重。"遂不用，用建陵侯卫绾为丞相。

武安侯田蚡者，孝景后同母弟也，生长陵。魏其已为大将军后，方盛，蚡为诸郎，未贵，往来侍酒魏其，跪起如子姓。（、）及孝景晚节，蚡益贵幸，为太中大夫。蚡辩有口，学《槃盂》诸书，王太后贤之。（〳）写武安之能止此，与魏其、灌夫相照。孝景崩，即日太子立，称制，所镇抚多有田蚡宾客计策。蚡弟田胜，皆以太后弟，（ ）孝景后三年封蚡为武安侯，胜为周阳侯。

武安侯新欲用事为相，卑下宾客，进名士家居者贵之，欲以倾魏其诸将相。（ ）建元元年，丞相绾病免，上议置丞相、太尉。籍福说武安侯曰："魏其贵久矣，天下士素归之。今将军初兴，未如魏其，即上以将军为丞相，必让魏其。魏其为丞相，将军必为太尉。太尉、丞相尊等耳，又有让贤名。"（ ）武安侯乃微言太后风上，于是乃以魏其侯为丞相，武安侯为太尉。籍福贺魏其侯，因吊曰："君侯资性喜善疾恶，方今善人誉君侯，故至丞相；然君侯且疾恶，恶人众，亦且毁君侯。君侯能兼容，则幸久；（◎）不能，今以毁去矣。"魏其不听。

魏其、武安俱好儒术，推毂赵绾为御史大夫，王臧为郎中令。迎鲁申公，欲设明堂，令列侯就国，除关，以礼为服制，以兴太平。举适诸窦宗室毋节行者，除其属籍。时诸外家为列侯，列侯多尚公主，皆不欲就国，以故毁日至窦太后。籍福之言验矣。太后好黄老之言，而魏其、武安、赵绾、王臧等务隆推儒术，贬道家言，是以窦太后滋不说魏其等。及建元二年，御史大夫赵绾请无奏事东宫。窦太后大怒，乃罢逐赵绾、王臧等，而免丞相、太尉，以柏至侯许昌为丞相，武强侯庄青翟为御史大夫。魏其、武安由此以侯家居。

武安侯虽不任职，以王太后故，亲幸，( ) 数言事多效，天下吏士趋势利者，皆去魏其归武安。( ) 武安日益横。( ) 建元六年，窦太后崩，丞相昌、御史大夫青翟坐丧事不办，免。以武安侯蚡为丞相，以大司农韩安国为御史大夫。天下士郡诸侯愈益附武安。( )

武安者，貌侵，生贵甚。又以为诸侯王多长，上初即位，富于春秋，蚡以肺腑为京师相，非痛折节以礼诎之，天下不肃。(、) 字法生贵，即暴富贵之意，写武安相业止一“骄”字，可笑。当是时，丞相入奏事，坐语移日，所言皆听。荐人或起家至二千石，权移主上。上乃曰：“君除吏已尽未？吾亦欲除吏。”尝请考工地益宅，上怒曰：“君何不遂取武库！”(○) 是后乃退。尝召客饮，坐其兄盖侯南乡，自坐东乡，以为汉相尊，不可以兄故私桡。(、) 鄙处可笑。武安由此滋骄，( ) 治宅甲诸第。田园极膏腴，而市买郡县器物相属于道。前堂罗钟鼓，立曲旃；后房妇女以百数。诸侯奉金玉狗马玩好，不可胜数。

魏其失窦太后，益疏不用，无势，诸客稍稍自引而怠傲，唯灌将军独不失故。魏其日默默不得志，而独厚遇灌将军。（○）

灌将军夫者，颍阴人也。夫父张孟，尝为颍阴侯婴舍人，得幸，因进之至二千石，故蒙灌氏姓为灌孟。吴楚反时，颍阴侯灌何为将军，属太尉，请灌孟为校尉。夫以千人与父俱。灌孟年老，颍阴侯强请之，郁郁不得意，故战常陷坚，遂死吴军中。军法，父子俱从军，有死事，得与丧归。灌夫不肯随丧归，奋曰："愿取吴王若将军头，以报父之仇。"于是灌夫被甲持戟，募军中壮士所善愿从者数十人。及出壁门，莫敢前。独二人及从奴十数骑驰入吴军，至吴将麾下，所杀伤数十人。不得前，复驰还，走入汉壁，皆亡其奴，独与一骑归。夫身中大创十余，适有万金良药，故得无死。夫创少瘳，又复请将军曰："吾益知吴壁中曲折，请复往。"将军壮义之，恐亡夫，乃言太尉，太尉乃固止之。吴已破，灌夫以此名闻天下。（、）

颍阴侯言之上，上以夫为中郎将。数月，坐法去。后家居长安，长安中诸公莫弗称之。孝景时，至代相。

孝景崩，今上初即位，以为淮阳天下交，劲兵处，故徙夫为淮阳太守。建元元年，入为太仆。二年，夫与长乐卫尉窦甫饮，轻重不得，夫醉，搏甫。（𝀁）先叙一事，以为下使酒作陪。甫，窦太后昆弟也。上恐太后诛夫，徙为燕相。数岁，坐法去官，家居长安。

灌夫为人刚直使酒，不好面谀。贵戚诸有势在己之右，不欲加礼，必陵之；诸士在己之左，愈贫贱，尤益敬，与钧。稠人广众，荐宠下辈。士亦以此多之。（𝀁）

夫不喜文学，好任侠，已然诺。诸所与交通，无非豪杰大猾。家累数千万，食客日数十百人。陂池田园，宗族宾客为权利，横于颍川。颍川儿乃歌之曰：“颍水清，灌氏宁；颍水浊，灌氏族。”

灌夫家居虽富，然失势，卿相侍中宾客益衰。及魏其侯失势，亦欲倚灌夫引绳批根生平慕之后弃之者。灌夫亦倚魏其而通列侯宗室为名高。两人相为引重，其游如父子然。相得欢甚，无厌，恨相知晚也。（〇）极力写。

灌夫有服，过丞相。丞相从容曰：“吾欲与仲孺过魏其侯，会仲孺有服。”灌夫曰：“将军乃肯幸临况魏其侯，夫安敢以服为解！请语魏其侯帐具，将军旦日蚤临。”武安许诺。灌夫具语魏其侯如所谓武安侯。（、）魏其与其夫人益市牛酒，夜洒扫，早帐具至旦。平明，令门下候伺。至日中，丞相不来。魏其谓灌夫曰：“丞相岂忘之哉？”（、）灌夫不怿，曰：“夫以服请，宜往。”乃驾，自往迎丞相。丞相特前戏许灌夫，殊无意往。及夫至门，丞相尚卧。于是夫入见，曰：“将军昨日幸许过魏其，魏其夫妻治具，自旦至今，未敢尝食。”武安鄂谢曰：“吾昨日醉，忽忘与仲孺言。”骄甚。乃驾往，又徐行，（、）灌夫愈益怒。及饮酒酣，夫起舞属丞相，丞相不起，夫从坐上语侵之。魏其乃扶灌夫去，谢丞相。丞相卒饮至夜，极欢而去。

丞相尝使籍福请魏其城南田。魏其大望曰：“老仆虽弃，将军虽贵，宁可以势夺乎！”不许。灌夫闻，怒，骂（○）籍福。籍福恶两人有郄，乃谩自好谢丞相曰：“魏其老且死，易忍，且待之。”已而武安闻魏其、灌夫实怒不予田，亦怒曰：“魏其子尝杀人，蚡活之。蚡事魏其无所不可，何爱数顷田？且灌夫何与也？吾不敢复求田。”（、）肖吻。武安由此大怨灌夫、魏其。

元光四年春，丞相言灌夫家在颍川，横甚，民苦之。请案。上曰："此丞相事，何请。"灌夫亦持丞相阴事，为奸利，受淮南王金与语言。宾客居间，遂止，俱解。

夏，丞相取燕王女为夫人，有太后诏，召列侯宗室皆往贺。魏其侯过灌夫，欲与俱。夫谢曰："夫数以酒失得过丞相，丞相今者又与夫有郄。"魏其曰："事已解。"强与俱。饮酒酣，武安起为寿，坐皆避席伏。已魏其侯为寿，独故人避席耳，余半膝席。(〽)灌夫不悦。起行酒，至武安，武安膝席曰："不能满觞。"夫怒，因嘻笑曰："将军贵人也，属之！"时武安不肯。行酒次至临汝侯，临汝侯方与程不识耳语，又不避席。夫无所发怒，乃骂临汝侯曰："生平毁程不识不直一钱，今日长者为寿，乃效女儿呫嗫耳语！"武安谓灌夫曰："程李俱东西宫卫尉，今众辱程将军，仲孺独不为李将军地乎？"灌夫曰："今日斩头陷匈，何知程李乎！"坐乃起更衣，稍稍去。魏其侯去，麾灌夫出。武安遂怒曰："此吾骄灌夫罪。"乃令骑留灌夫。灌夫欲出不得。籍福起为谢，案灌夫项令谢。夫愈怒，不肯谢。(、)武安乃麾骑缚夫置传舍，召长史曰："今日召宗室，有诏。"劾灌夫骂坐不敬，系居室。遂按其前事，遣吏分曹逐捕诸灌氏支属，皆得弃市罪。魏其侯大愧，为资使宾客请，莫能解。武安吏皆为耳目，诸灌氏皆亡匿，夫系，遂不得告言武安阴事。

魏其锐身为救灌夫。（〇）提笔。夫人谏魏其曰："灌将军得罪丞相，与太后家忤，宁可救邪？"魏其侯曰："侯自我得之，自我捐之，无所恨。且终不令灌仲孺独死，婴独生。"乃匿其家，窃出上书。立召入，具言灌夫醉饱事，不足诛。上然之，（↘）赐魏其食，曰："东朝廷辩之。"

魏其之东朝，盛推灌夫之善，言其醉饱得过，乃丞相以他事诬罪之。武安又盛毁灌夫所为横恣，罪逆不道。魏其度不可奈何，因言丞相短。武安曰："天下幸而安乐无事，蚡得为肺腑，所好音乐狗马田宅。蚡所爱倡优巧匠之属，不如魏其、灌夫日夜招聚天下豪杰壮士与论议，腹诽而心谤，不仰视天而俯画地，辟倪两宫间，幸天下有变，而欲有大功。臣乃不知魏其等所为。"（、）于是上问朝臣："两人孰是？"（〇）又起波。御史大夫韩安国曰：此叙出言论。"魏其言灌夫父死事，身荷戟驰入不测之吴军，身被数十创，名冠三军，此天下壮士，非有大恶，争杯酒，不足引他过以诛也。魏其言是也。丞相亦言灌夫通奸猾，侵细民，家累巨万，横恣颍川，凌轹宗室，侵犯骨肉，此所谓‘枝大于本，胫大于股，不折必披’，丞相言亦是。唯明主裁之。”主爵都尉汲黯是魏其。（○）此撮叙。内史郑当时是魏其，后不敢坚对。余皆莫敢对。上怒内史曰：“公平生数言魏其、武安长短，今日廷论，局趣效辕下驹，吾并斩若属矣。”（○）此与前后文相应。即罢起入，上食太后。太后亦已使人候伺，具以告太后。太后怒，不食，曰：“今我在也，而人皆藉吾弟，令我百岁后，皆鱼肉之矣。且帝宁能为石人邪！此特帝在，即录录，设百岁后，是属宁有可信者乎？”（、）上谢曰：“俱宗室外家，故廷辩之。不然，此一狱吏所决耳。”是时郎中令石建为上分别言两人事。（○）又补写一石建。

武安已罢朝，出止车门，召韩御史大夫载，怒曰：“与长孺共一老秃翁，何为首鼠两端？”韩御史良久谓丞相曰：“君何不自喜？夫魏其毁君，君当免冠解印绶归，曰‘臣以肺腑幸得待罪，固非其任，魏其言皆是’。如此，上必多君有让，（◎）不废君。魏其必内愧，杜门齰舌自杀。今人毁君，君亦毁之，譬如贾竖女子争言，何其无大体也！”武安谢罪曰：“争时急，不知出此。”

于是上使御史簿责魏其所言灌夫，颇不仇，欺谩。劾系都司空。孝景时，魏其常受遗诏，曰“事有不便，以便宜论上”。及系，灌夫罪至族，事日急，诸公莫敢复明言于上。魏其乃使昆弟子上书言之，幸得复召见。书奏上，而案尚书大行无遗诏。诏书独藏魏其家，家丞封。乃劾魏其矫先帝诏，罪当弃市。五年十月，悉论灌夫及家属。魏其良久乃闻，闻即恚，病痱，不食欲死。或闻上无意杀魏其，（○）魏其复食，治病，议定不死矣。乃有蜚语为恶言闻上，蚡为之。故以十二月晦论弃市渭城。

其春，武安侯病，专呼服谢罪。使巫视鬼者视之，见魏其、灌夫共守，欲杀之。竟死。子恬嗣。元朔三年，武安侯坐衣襜褕入宫，不敬。淮南王安谋反觉，治。王前朝，武安侯为太尉，时迎王至霸上，谓王曰：“上未有太子，大王最贤，高祖孙，即宫车晏驾，非大王立当谁哉！”淮南王大喜，厚遗金财物。上自魏

其时不直武安，特为太后故耳。及闻淮南王金事，上曰："使武安侯在者，族矣。"（○）

太史公曰：魏其、武安皆以外戚重，灌夫用一时决策而名显。魏其之举以吴楚，武安之贵在日月之际。然魏其诚不知时变，灌夫无术而不逊，两人相翼，乃成祸乱。《赞》内先责窦、灌，而于武安止用叹词，盖不是责也。武安负贵而好权，杯酒责望，陷彼两贤。呜呼哀哉！迁怒及人，命亦不延。众庶不载，竟被恶言。呜呼哀哉！祸所从来矣！